NO COMANDO

ENCONTRANDO O LÍDER QUE EXISTE EM VOCÊ

MYLES MUNROE

NO COMANDO

ENCONTRANDO O LÍDER QUE EXISTE EM VOCÊ

1ª Edição

BELLO PUBLICAÇÕES

Belo Horizonte

Diretor
Lester Bello

Autor
Myles Munroe

Título Original
In charge

Tradução
Idiomas e Cia, por Elizabeth Jany

Revisão
Idiomas & Cia, por Ana Carla Lacerda

Design capa (adaptação)
Fernando Duarte
Ronald Machado (Direção de arte)

Impressão e Acabamento
Promove Artes Gráficas e Editora

Diagramação
Julio Fado
Ronald Machado (Direção de arte)

BELLO PUBLICAÇÕES

Av. Silviano Brandão, 1702
Horto - CEP 31.015-015
Belo Horizonte/MG - Brasil
contato@bellopublicacoes.com
www.bellopublicacoes.com.br

1ª Edição - Janeiro de 2010
4ª Reimpressão - Abril de 2020

Todas as citações bíblicas, salvo indicação contrária, foram extraídas da Bíblia Sagrada, Nova Versão Internacional, Editora Vida, 2000. Todos os direitos reservados.

Munroe, Myles
M968 No comando: encontrando o líder que existe em você / Myles Munroe; tradução de Idiomas e Cia. – Belo Horizonte: Bello Publicações. 2014.
272p.
Título original: In charge
ISBN: 978-85-61721-13-8

1. Liderança – Aspectos religiosos.
2. Religião e liderança. I. Título.

CDD: 158.1
CDU: 159.9

Para os 6,7 bilhões de pessoas na terra que buscam o significado e a importância do viver, que no fundo acreditam que nasceram para fazer algo mais do que simplesmente viver e morrer.

Para o indivíduo preso à decepcionante raça humana e aprisionado à noção de que ter sucesso na vida significa acumular bens materiais. Minha esperança é que você fique livre do ciclo de futilidade que nos leva a cumprir as metas estabelecidas pela nossa cultura e sociedade, e descubra o segredo de sua realização pessoal.

Para os jovens de nossas nações que buscam propósito e significado na vida. Que vocês possam descobrir o valor e o poder de seu dom natural e tornem-se líderes na sua geração, dedicando esse dom ao mundo.

Para todos os diretores e membros da *International Third World Leaders Association*. Que vocês possam continuar a manifestar e maximizar a capacidade de liderança em vocês e nos outros!

Para minha filha e meu filho, Charisa e Chairo (Myles Jr.), cujo potencial de liderança inspirou muitos dos princípios deste trabalho. Que vocês possam continuar a seguir seu destino de dedicar seus dons de liderança a esta geração.

À fonte de todos os dons verdadeiros, o Criador dos destinos e o sustentáculo da vida. Que sua verdade se manifeste nos corações de todos os leitores destas páginas.

AGRADECIMENTOS

Toda conquista na vida é resultado de um esforço conjunto. Assim como é preciso um número de pessoas equivalente a um batalhão para criar um filho, da mesma forma é necessária uma equipe para dar origem a um livro. Conscientes de que somos a soma de tudo que aprendemos e das experiências que vivemos em nossas vidas, ninguém pode reivindicar todos os méritos de qualquer medida de sucesso em qualquer empreendimento. Com este livro não é diferente.

Quero agradecer a minha amada esposa Ruth e meus filhos Charisa e Chairo (Myles Jr.), por seu apoio, paciência e cooperação, enquanto eu me dedicava a vários projetos que fazem parte dos trabalhos que preciso realizar enquanto estiver aqui na terra. Vocês são os tesouros dos meus princípios. Agradeço-lhes por me ajudar a manifestar meu dom natural e me permitir oferecê-lo ao mundo.

A Adrienne Ingram, que coordenou este projeto, pelo seu incentivo, informações, dedicação, motivação e trabalho contínuo para que ficasse pronto.

A Angela Dodson, por seu incrível dom, inspiração e habilidade em trazer o melhor deste conteúdo para mim. Este trabalho não teria sido completado sem a sua demonstração contínua e constante do verdadeiro princípio deste livro – liderança servil, ou seja, a liderança baseada no serviço. Sou eternamente grato e sempre me lembrarei de sua contribuição para o aperfeiçoamento do meu dom.

ÍNDICE

PREFÁCIO DO AUTOR

Ensinado para servir, não para liderar

Era uma linda manhã cheia de sol em Bain's Town, localizada na pequena ilha de trinta e dois quilômetros de comprimento e sete quilômetros de largura chamada New Providence, onde fica também Nassau, a capital de nosso país. Mais de duzentos de nós, com apenas seis ou sete anos, estávamos em uma área externa, no duro chão de terra, usando nossos uniformes escolares verdes e brancos. Cada um de nós segurava uma vara de trinta e dois centímetros da qual pendia um tecido impresso com a Bandeira do Reino Unido da Grã-Bretanha, a chamada *Union Jack*. Às nove horas da manhã, a temperatura era de 32 graus, mas havíamos sido ordenados a não mover um músculo. Gotas de suor escorriam da minha testa em direção à boca. Era o Dia da Bandeira da Comunidade Britânica, e estávamos mantendo uma tradição de nossos governadores imperiais existente há muito tempo.

Por toda a ilha, cada escola tinha ordens de reunir todos os alunos em assembléias para honrar a Rainha da Grã-Bretanha através de canções patrióticas, declamações de poetas britânicos e votos à nossa monarca e ao império ao qual honrávamos. Todos nos chamavam de "colônias" e sabíamos que éramos considerados súditos de segunda classe da Nossa Majestade e do Reino Unido da Grã-Bretanha.

Eu estava participando da mesma cerimônia juntamente com incontáveis milhões de pessoas em todos os territórios da Comunidade Britânica. Éramos todos súditos das "colônias" dos reinos europeus. Esses reinos incluíam Grã-Bretanha, França, Espanha, Portugal, Bélgica e Alemanha. A colonização impactou a maior parte do mundo, incluindo a América do Sul e Central, África, Índia, as Ilhas do Pacífico, Ásia, América do Norte e as Ilhas do Caribe, onde eu nasci.

Naquela quente manhã do Dia da Comunidade Britânica, sob aquele ardente sol, sem proteção, cantávamos as canções do império, como fazíamos todas as manhãs. Como crianças uniformizadas, gostávamos de cantar essas canções, cada um de nós esforçando-se para ser ouvido mais do que os outros. Eu não conhecia o impacto mental desses salmos imperiais. Eles estavam nos doutrinando, convertendo, condicionando e, conseqüentemente, formando em nós o auto-conceito, a auto-estima e a percepção do mundo no qual iríamos viver. Essas canções também reforçavam os livros utilizados em cada sala de aula por nossos professores britânicos; livros que falavam apenas da vida, cultura e história inglesas. Estávamos convencidos de que tudo que era britânico era bom, honrado, superior e justo.

A impressão mais cruel que ficava na maioria das jovens mentes daquela região, era de que nascemos para servir e adorar o império, que não éramos capazes de liderar. Fomos condicionados a "depender" dos poderes coloniais para viver e ter valor, treinados para que não pudéssemos determinar nossos próprios destinos, projetar nosso próprio futuro, planejar nossas vidas.

Os preceitos que foram ensinados a nós e a todos aqueles que viviam nas colônias em cada continente, repetidos desde nosso nascimento e por toda a vida, ainda nos afetam mesmo nos dias de hoje, em nossa era pós-colonial. Aqui estão as letras das músicas que devíamos cantar todos os dias (lembre-se de que elas eram cantadas pelos descendentes daqueles que haviam sido escravizados):

Quando a Bretanha, ao comando do céu, por primeira vez
Surgiu do mar azul-celeste,
Surgiu, surgiu do mar azul-celeste,
Esta foi a escritura da terra, esta foi a escritura da terra,
E anjos guardiões cantaram esta melodia:
Comande Bretanha! Bretanha comande as ondas!
Bretões nunca, nunca, nunca serão escravos!
Comande Bretanha! Bretanha comande as ondas!
Bretões nunca, nunca, nunca serão escravos!

E a favorita:

Deus salve nossa bondosa Rainha
Longa vida à nossa nobre Rainha
Deus salve a Rainha!
Que a faça vitoriosa,
Feliz e gloriosa,
Que tenha um longo reinado sobre nós
Deus salve a Rainha

As declarações que tinham o maior impacto em nossas mentes impressionáveis eram “Bretões nunca, nunca, nunca serão escravos” e “Longo reinado sobre nós.” Essas canções eram cantadas por milhões nas colônias da África, Ásia, Américas e Caribe. Cantávamos essas duas declarações enquanto éramos escravos e súditos dos poderes imperiais. Estávamos escravizados no momento em que cantávamos "*Eles* nunca serão escravos." Você pode imaginar as implicações psicológicas?

O resultado desta experiência foi o surgimento de nações posteriormente independentes, lideradas e compostas por pessoas que tinham sua percepção de si mesmo, autoconfiança, autoestima e crença em sua habilidade de liderar roubadas. A maior parte das nações fruto desta colonização e condicionamento mental tem lutado e continua a lutar com as questões de liderança.

É irônico que os antigos colonizadores e poderes imperiais culpem e acusem os novos governos de apresentarem uma liderança deficiente, quando eles mesmos criaram os líderes medíocres que freqüentemente governam essas nações.

Ao longo de toda a história, a opressão colonial e imperial resultou em falha em orientar, desenvolver, cultivar e produzir líderes. A opressão que permeou a sociedade americana teve o mesmo resultado. Os primeiros fundadores da América são produtos da sociedade e perpetraram a colonização e a filosofia de superioridade através do domínio. Conseqüentemente, o comércio escravo prosperou nos primeiros anos da Federação dos Estados Unidos da América e as pessoas oficialmente oprimidas da sociedade americana — como os índios americanos e os escravos negros — lutam até o dia de hoje para alcançar um desenvolvimento de liderança eficiente em suas comunidades.

A opressão nunca produz liderança, ao contrário, ela sufoca o potencial de uma grande liderança existente em todo ser humano.

Minha Jornada de Descoberta

A partir deste contexto, eu me propus a enfrentar a vida e lidar com a necessidade interna de encontrar o significado dela. O condicionamento mental de que eu nasci "para ser governado" e destinado pela providência a ser "escravo" era o meu maior inimigo. Quando era jovem, não tinha a menor idéia de que esta era uma opressão psicológica praticada desde o tempo da civilização egípcia que permeava os impérios greco-romanos e tornara-se a linha que costurava o tecido colonial da tapeçaria do assim chamado Novo Mundo.

Dessa forma, no calor do sol do Caribe, eu estava começando uma jornada para descobrir que não "nasci para ser governado" nem destinado a ser um seguidor capturado pela providência para uma vida de submissão.

Levou anos para minha mente ser liberta dos danos históricos da opressão e para compreender não apenas que eu era capaz de me tornar um líder - e que estava destinado a ser um líder, mas também que *todo* ser humano neste planeta foi criado para liderar, e possui potencial e capacidade de liderança. Este livro é sobre esta descoberta. É sobre você e o potencial que possui para se tornar uma influência em seu mundo e para as futuras gerações.

A verdadeira liderança não mantém seguidores, mas produz líderes. Este livro é sobre isto. Irei abordar esta cicatriz histórica da psique da raça humana e fornecer esclarecimentos, ferramentas e a necessária compreensão para libertar cada indivíduo das algemas da opressão. Quero desafiá-lo, como um aspirante a líder, a descobrir a verdade sobre a liderança que nenhum ser humano pode anular se você adotá-la.

INTRODUÇÃO

Questões do Coração

Liderança tem a ver com poder, posição, talento, habilidade, autoridade, algum traço físico peculiar, status social, herança familiar ou carisma excepcional? A liderança é um produto do privilégio de nascimento ou resultado de sorte ou de um voto democrático? A liderança é uma designação corporativa ou a recompensa conferida após uma luta contra as forças competitivas? A liderança é reservada apenas a uma elite de poucos escolhidos pela providência e separados da maioria de nós, meros mortais, que lutam por uma percepção de significado? A liderança requer seguidores? É necessário que os líderes tenham títulos? A liderança é uma distinção de superioridade, uma disposição de vantagens e qualidades de grandeza que separam alguns do restante? A liderança é uma manifestação de um intelecto superior ou da capacidade cognitiva? A liderança é reservada apenas a uma raça ou classe específica de pessoas? Os líderes são mais espertos, mais sábios, melhores, mais importantes, mais inteligentes, mais preparados, mais qualificados e mais carismáticos do que seus seguidores?

Estas são as questões com as quais lutei desde a minha juventude, enquanto crescia em meu lar caribenho nas Bahamas, e acredito que encontrei as respostas.

* * *

Nada acontece sem liderança. Nada muda sem liderança. Nada se desenvolve sem liderança. Nada melhora sem liderança. Nada é corrigido sem liderança. Todos, em todos os lugares, a qualquer momento, estão sempre sendo liderados. Qualquer que sejam as condições, circunstâncias ou classe em que uma pessoa, família, comunidade, organização ou nação possa se encontrar, alguém estará liderando ali.

Estamos sempre, direta ou indiretamente, consciente ou inconscientemente, sendo liderados. A liderança é incessantemente exercida sobre nós, quer seja por um político, sacerdote, pai, chefe ou professor. Até um cego pode liderar, de acordo com o jovem rabino judeu Jesus Cristo.

É dito que temos os líderes que merecemos. Essencialmente, somos geralmente liderados por pessoas que escolhemos nos submeter seja por voto, preferência ou acordo.

De todos os desafios que nosso mundo do século XXI deve enfrentar, como terrorismo, guerras, epidemias, aquecimento global e corrupção corporativa, o maior desafio é encontrar líderes eficientes. Os europeus estão procurando por líderes que tratem de imigração e de assuntos econômicos. As antigas nações soviéticas estão procurando por líderes que resolvam questões criminais e de produção empresarial. Os países africanos estão procurando líderes que acabem com a corrupção, guerras civis e outras crises terríveis, tais como a seca, a fome e AIDS. Nações emergentes como o Iraque esperam uma liderança que irá representar adequadamente as várias facções e necessidades de seu país.

Muitos Líderes, Pouca Liderança

Não é que não tenhamos pessoas ocupando funções de liderança em nosso mundo. Temos muitos líderes nos dias de hoje — mas, infelizmente, não muita liderança. Temos líderes no cenário político, social, religioso e outros, mas qual o tipo de mundo que todos estes líderes e seus antecessores geraram?

Nosso mundo está lidando com questões cruciais que devem ser abordadas. Nossas condições globais *exigem* uma boa liderança. Todavia, nosso dilema é que ou os líderes ajudaram a criar esses problemas ou estão sobrecarregados pelos problemas que herdaram. Cada terrível condição da humanidade é o resultado de uma liderança medíocre.

Por exemplo, o avanço tecnológico está tomando a dianteira da cultura. Apenas cerca de 10 por cento da população mundial tem acesso à tecnologia que pode aprimorar e até salvar vidas, o que significa que estamos isolando bilhões de pessoas do progresso. Todavia, ao mesmo tempo, as nações que possuem acesso à mais recente tecnologia estão "avançando" além de suas habilidades de acompanhar todos os desenvolvimentos. A mudança está ocorrendo tão rapidamente que as pessoas não podem absorvê-la ou aplicá-la em suas vidas de uma maneira saudável. As assim chamadas "comodidades comerciais e da comunicação" tornaram-se um peso, em vez de serem o benefício que os líderes tecnológicos previram.

Outro problema é a desigual distribuição dos recursos da terra. A pobreza, por si mesma, não existe no mundo. É provocada em grande medida por um problema de liderança que não permite que os recursos da terra cheguem àqueles que deles necessitam.

Eu estava em Minnesota para ministrar seminários e falar em alguns programas de televisão. Durante o tempo que passei na região, meu anfitrião levou-me até Fargo, em Dakota do Norte. Você pode dirigir por três ou quatro horas naquela região e tudo que vê é uma linda terra de cultivo.

Meu anfitrião me perguntou, "Você vê o milho? O motivo pelo qual ele não está sendo colhido, muito embora esteja maduro, é porque o preço ainda não é aceitável. E se o preço não é aceitável, eles irão destruí-lo e usá-lo para adubar a terra, para provocar uma escassez."

As pessoas na Zâmbia, Malawi e Botswana precisam de milho, mas porque o preço não é aceitável, os fazendeiros em Dakota do Norte o destroem, em vez de embarcá-lo para a África.

Quando o alimento *é* enviado para os países pobres, os problemas de distribuição freqüentemente impedem-no de chegar àqueles que mais necessitam dele. Os líderes daqueles países irão armazenar o alimento para eles mesmos e deixar seu próprio povo morrer de fome. Não há pobreza real no mundo, o que há são líderes políticos, comerciais e de investimento que são motivados por outros projetos.

Além disso, existem as questões de saúde internacional. A cada sessenta segundos sete pessoas contraem AIDS no mundo. A ameaça à saúde é inimaginável e nossos líderes médicos parecem incapazes de enfrentá-la.

Há os confrontos religiosos e culturais. Quando estive na Inglaterra recentemente, estavam debatendo o que fazer com as comunidades muçulmanas, porque alguns cidadãos britânicos de descendência muçulmana estavam se organizando e conspirando para destruir o país. Quando seus próprios cidadãos se tornam terroristas, baseados em religiões diferentes, você tem um problema de liderança nacional.

Com um problema similar, a França está lutando contra a crescente afluência de muçulmanos da Turquia. Eles temem ter de mudar o sistema escolar para oferecer idioma e vestuário para esse povo. Os líderes governamentais não sabem o que fazer com o sistema educacional, porque a imigração parece estar abalando seu fundamento.

Os Estados Unidos enfrentam suas próprias questões de imigração. Alguns debatem sobre construir ou não um muro ao longo da fronteira com o México. Ao mesmo tempo, muitos líderes congressionais lutam pelos imigrantes para que recebam status e privilégios.

Todos estes são dilemas de liderança.

A desintegração familiar é outro caso. Cinqüenta e um por cento das crianças da América e de outras salas de aula da sociedade ocidental vêm de famílias sem pais. Temos famílias disfuncionais, das quais se espera que gerem cidadãos que irão funcionar na sociedade. Quando estas crianças são enviadas à escola, as coisas se tornam caóticas, porque elas não sabem o que significa respeitar a autoridade. Carecem de liderança parental em casa.

A liderança inadequada também nos leva a uma era de orientação sexual confusa. Quando aqueles que estão elaborando as leis não estão certos se um casamento deve ser entre um homem e uma mulher, a falta de liderança é evidente. Temos líderes desafiando a estrutura ideal da família tradicional enquanto a própria definição de família é debatida. Quando dois homens ou duas mulheres que têm uma relação sexual podem adotar um bebê, isto reflete um desafio à liderança.

Todos estes são dilemas de liderança.

A Condição Humana

Como resultado desta falta de uma liderança eficiente e competente, muitas pessoas têm desenvolvido perspectivas e atitudes destrutivas que dominam suas vidas.

Medo. As pessoas têm medo do terrorismo, de confrontos étnicos, de desastres, guerra, doença e colapso econômico. Este é o mundo real no qual vivemos. Eu estava na cidade de Oklahoma, quando ocorreu um bombardeio. O problema do terrorismo — nacional ou internacional — era real em Oklahoma e na cidade de Nova York, e é real em todo o mundo.

Desilusão. As pessoas estão perdendo a esperança em suas vidas. Por exemplo, alguns jovens estão perguntando, "Por que eu deveria terminar a escola ou iniciar uma carreira, se posso vender drogas e comprar qualquer coisa que eu quiser?" As pessoas mais velhas estão perguntando por que deveriam contar a verdade em seus formulários de imposto de renda ou manter sua integridade no trabalho.

Raiva. As pessoas estão irritadas por causa da incapacidade de lidar com suas vidas. Uma amargura crescente permeia o mundo, espalha-se como violência doméstica, explosões de ira nas estradas e disputas raciais. Jovens estão bravos com seus pais que não estavam presentes para ajudá-los e não poderiam demonstrar-lhes amor e disciplina. Então, levam sua amargura para a sociedade através de gestos e estilos de vida destrutivos.

Desconfiança. Um espírito de desconfiança e suspeita está crescendo. As pessoas estão cansadas de promessas quebradas no governo, práticas comerciais desonestas e infidelidade no lar.

Compromisso. As pessoas desconfiadas e amargas acham mais fácil comprometer seus valores e padrões de conduta para tentar sobreviver na vida. Podem dormir com o chefe para subir de cargo ou com o professor para obter boas notas. Podem roubar seus empregados se sentem que não estão sendo bem pagas.

Egoísmo. Nossos líderes têm encorajado um ambiente egocêntrico. As pessoas tendem a ignorar as outras ao seu redor e até mesmo aquelas necessitadas cuidam apenas de si mesmas. Determinados advogados irão relacionar inumeráveis razões e formas de se processar as pessoas apenas para obter algum dinheiro.

Supercompetição. As pessoas acreditam que não têm recursos suficientes para viver, então, competem com as outras, em vez de cooperar.

Cobiça ou avareza. As pessoas são inundadas por bens materiais e propagandas desses bens, então, começam a desejar coisas que não podem comprar. Se um adolescente não pode comprar um tênis Nike, dá uma surra em quem pode e o toma. Se um homem não pode comprar o mesmo tipo de carro que seu colega de trabalho possui, usa o dinheiro da escola das crianças para comprá-lo. Se uma família não tem dinheiro para férias ou para uma televisão de tela grande, compra a crédito.

Desvalorização da vida. Esta questão é perigosa, porque quando a vida humana é desvalorizada, sinaliza a morte de uma sociedade. Quando a interrupção voluntária da gravidez é legalizada, então, a vida humana perde o valor. Hoje, o aborto é considerado uma opção sempre que for "inconveniente" ter um bebê. A eutanásia e o suicídio assistido estão ganhando adeptos.

Abuso. Os pais estão abusando dos filhos através da violência e do incesto. Os maridos estão batendo em suas esposas porque, por diversos motivos, sentem-se inúteis como homens. As mulheres permanecem nesta situação porque também se sentem inúteis.

Violência. Vivemos em um planeta violento. Apesar dos Estados Unidos da América ser a mais importante democracia do mundo, possui o mais alto número de homicídios entre as nações. Mais assassinatos ocorrem em Washington, D.C., a sede do governo, do que em qualquer outro local do país. No Oriente Médio, os bombardeios suicidas diários que matam crianças e adultos inocentes estão se tornando uma ocorrência comum, que agora é apenas uma nota de rodapé nas reportagens de notícias diárias. O abuso, o estupro e os assassinatos de refugiados no desenvolvimento das nações confundem nossa imaginação.

Guerra. O mundo está em guerra. Há uma guerra em nossas casas entre maridos, mulheres e pais, guerra nas nossas escolas entre alunos e professores, guerra em nossos negócios entre os executivos e a equipe e guerra entre nossas nações. E os expectadores inocentes destas guerras são os que mais sofrem.

Precisamos compreender que o estado em que se encontra o mundo hoje é produto da liderança que tivemos ao longo da história. A condição da comunidade global e nacional é simplesmente prova de que a natureza, qualidade e características de liderança que a humanidade produziu durante os anos não nos serviu bem. Existe um vácuo — uma falta de liderança apropriada, eficiente, eficaz, genuína e sensível espiritualmente — em todos os níveis.

Mas há um dilema aqui: nossos líderes são fruto de nós mesmos. Nossas culturas produzem líderes inadequados e criam problemas que a liderança não pode corrigir, gerando problemas subseqüentes que os novos líderes não conseguem abordar. Há um princípio de vida que diz: "Tudo se produz segundo sua própria espécie." Você não pode produzir algo melhor do que você mesmo. Talvez seja por isso que os líderes que continuamos a produzir através das gerações não melhoram nem podem trazer melhorias.

Todo Mundo Quer Ser um Líder!

Os políticos lutam, o clero manipula, os atletas abusam de drogas, as pessoas de negócios se comprometem, os concorrentes conspiram e alunos colam, tudo pela liderança. Entretanto, poucos admitiriam sua profunda aspiração à liderança. Este desejo secreto de liderar é inerente ao espírito humano.

A busca por líderes para preencher o vácuo de liderança nos leva a questionar: o que significa ser um líder? Que qualidades um líder ideal deveria ter?

Por que a Liderança está falhando?

Tradicionalmente, os líderes têm sido ensinados nas faculdades de Administração de Empresas e Administração Pública. Todavia, deve estar faltando algo nestas instituições e em seus ensinamentos se os graduados são incapazes de tratar de questões cruciais de liderança ou exibir qualidades genuínas a ela inerentes.

Apesar do fato de que a liderança em todas as áreas da sociedade parecc estar aquém do esperado e de líderes confiáveis estarem em falta, o desejo do líder perfeito é ainda profundo em todos nós. Mas não importa o quanto tentemos, nossos líderes continuam a não atender às nossas expectativas. Hoje em dia a falha da liderança possui dois lados: (1) A incapacidade das pessoas em liderar cria e perpetua condições humanas miseráveis. (2) A falha da liderança não permite o desenvolvimento da liderança, tão necessária à maioria das pessoas em todo o mundo, as quais, então, passam a ser consideradas meras "seguidoras."

Os pretensos líderes que surgem são esmagados antes que tenham a oportunidade de se desenvolver. O processo de mentorear líderes, dando aulas e treinamento aos alunos, apresenta-se bastante carente. Isso é uma tragédia para as pessoas, suas famílias, comunidades, nações, e assim o mundo não pode se beneficiar de uma liderança eficiente e competente.

Entretanto, ao compreender o que significa se tornar um verdadeiro líder, você pode começar a enfrentar os problemas do mundo, porque estará livre da mentalidade tacanha e dos métodos que coíbem a verdadeira liderança e que mantêm as pessoas derrotadas.

Acredito que é possível encontrar líderes que possam melhorar o destino da humanidade. Cada um de nós pode ser um exemplo desse perfeito líder que todos desejamos.

PARTE 1

DESTINADO A SERVIR E LIDERAR

O PARADOXO

1

"Estou no Comando": A Bateria e o Fio

QUEM TEM O PODER?

"O valor de cada ser humano está na dádiva de ter nascido para dedicar-se à humanidade."

Qual dos dois é a parte mais importante de um carro: a bateria ou o fio do terminal? Você provavelmente nunca ouviu falar da bateria e do fio do terminal. Provavelmente nunca ouviu falar do fio vermelho que conecta a bateria ao resto do motor do carro. Se você é como a maior parte das pessoas, dirá: "A bateria. Ela tem o poder."

Seu carro possui 60.000 peças. A bateria diz, "Estou no comando de todas elas. Nada funciona sem mim. Eu sou a bateria. Eu tenho o poder, a energia. Poder! Poder! Poder! Energia! Sou eu quem dá o arranque que faz tudo funcionar. Nada funciona até eu chegar. Eu sou o poder. Eu tenho a força para ligar o motor."

Isso se parece com alguma pessoa que você conhece?

Bem, se a bateria é a parte mais importante do carro, vamos desconectar o fio. A bateria custa cerca de R$270,00. O fio vermelho que falta custa cerca de R$15,00. Você tem 59.999 peças e apenas um fio de R$15,00 que está faltando. Sem ele, o carro não irá funcionar. Seu carro pode custar R$60.000,00, R$70.000,00 ou R$80.000,00, mas pode ficar parado por causa deste fio de R$15,00.

Você quer ir a algum lugar. Você tem algo a fazer! O carro lhe diz. "Estou pronto, mas falta um pequeno fio de R$15,00".

A bateria diz, "Eu tenho o poder."

Uma vela de ignição diz, "Eu acendo;"

O motor diz, "Eu faço o carro funcionar!"

Aquele pequeno fio está muito quieto. Ele não tem de dizer, "Vocês precisam de mim. Vocês não podem funcionar sem mim." Todas as outras peças logo percebem isso e dizem, "Vá encontrar o fio." O fio do terminal foi criado para transmitir corrente elétrica da bateria para o gerador e para o motor, para acender as velas de ignição que fornecem a centelha para os pistões funcionarem e ligarem o motor. Essencialmente, o pequeno fio do terminal foi projetado para ser o "líder" na área de transmissão elétrica. No domínio do fio do terminal, o fio do terminal está no comando. Poderia ser apenas um pequeno fio, mas ele poderia paralisar o motor.

Se esse lugar está vazio, o carro não funciona.

Cada uma das peças do carro é um líder. Uma vela de ignição nunca poderá ser uma bateria. Uma bateria nunca poderá ser um tubo de distribuição. Um tubo de distribuição nunca poderá ser um gerador. Portanto, no domínio da bateria, a bateria está no comando. Ela é única, porque somente ela pode ser a bateria — não importa quão invejosa a bobina ou a vela de ignição fiquem, não importa quanto o volante de direção queira virar bateria.

Cada peça é importante. Cada componente do carro foi projetado para liderar em uma área específica e para servir a um propósito ou função no contexto geral. Cada um é um líder!

Este conceito de liderança contradiz a filosofia de que a liderança é reservada para um pequeno grupo de elite de indivíduos "escolhidos pela providência" e designados para liderar as massas de subordinados incapazes, que necessitam da orientação daqueles de status superior. É um desafio direto ao que me ensinaram na experiência colonial de minha infância.

Minha visão de liderança é esta: cada um de nós possui um dom natural e deve oferecer esse dom ao mundo. Você é um líder. Você tem poder. Seu dom é seu poder. Você está no comando na área de seu dom, seu domínio. Você tem um lugar de liderança a preencher e uma função a executar. Seu dom determina este lugar e esta função. Exatamente da mesma forma como o valor do fio do terminal é determinado não pelo tamanho nem pelo custo, mas por sua função, seu valor não é determinado por nada além de seu dom. Alguém precisa desse dom que só você possui, e você deve oferecê-lo ao mundo. Você também precisa dos dons dos outros para viver.

Então, quem está no controle? Você! Quem tem o poder? Todos nós.

2

Nascido para Liderar, Preparado para Servir

A LIDERANÇA SERVIL

"O desejo de não ser nada é o desejo de não existir."

- Ayn Rand

Você é um líder. Foi criado para liderar. Tem potencial de liderança. Preso dentro de você há um líder escondido.

Se sua primeira reação é dizer: "Ah, não! Não eu," você não está sozinho. A grande maioria não acredita que é líder, possui habilidade para liderar ou poderia até mesmo atingir posições de liderança. *Todas* as culturas desvalorizam a humanidade de alguma forma e este condicionamento mental é o resultado dessa desvalorização, que acontece mesmo nas melhores circunstâncias. A lavagem cerebral que compartilhei no Prefácio está entre as piores condições, mas poucos reconhecem sua liderança dada por Deus.

Quando encontro pessoas que pensam que não podem ser líderes, eu lhes digo que podem, *devem* e deveriam, porque elas devem isso à sua geração. Você tem de começar a acreditar que é um líder.

Cada pessoa é como uma estrela na galáxia. Você tem seu próprio brilho, mas as tradições e convenções do homem lhe disseram que você não tem luz. As culturas da opressão apagaram a crença de que você pode liderar na área de seu dom.

Um líder nasce quando descobre seu dom. Encontrar o que o entusiasma e lhe interessa, descobrir sua paixão, ajuda a determinar seu dom. Isso requer um processo de autodescoberta. Como você sabe qual é o seu dom? Aqui estão algumas dicas: seu dom é divertido. Você gosta dele, pode praticá-lo o dia inteiro e as pessoas até lhe pagarão para que você faça o que gosta de fazer. É sua paixão. Você o pratica vinte 24 por dia, durante os 365 dias do ano sem pagamento.

A liderança consiste em encontrar, refinar e transmitir o dom exclusivo de uma pessoa — aquela "marca registrada" que só você tem. Se você refinar seu dom, desenvolvê-lo e, então, oferecer seu dom ao mundo, você se torna grande.

Os verdadeiros líderes nunca se aposentam, porque você não pode se aposentar de si mesmo. Quando você é conhecido por seu dom, o mundo virá até você por causa ele.

Minha paixão é liderança. Dediquei muito de minha vida, milhares e milhares de horas, para o estudo da liderança, para ouvir e ler as idéias dos especialistas em negócios, economia e filosofia, mas, basicamente, encontrei a resposta na liderança servil, ou seja, liderança baseada no serviço.

Eu vivo para ensinar e compartilhar idéias que façam com que as pessoas descubram quem são, qual é o seu valor, o que podem fazer, o que podem alcançar e o que podem se tornar. Para mim, o melhor que podemos fazer por nossos semelhantes é ajudá-los a se tornarem o melhor que podem e terem uma vida em que podem fazer mais com seus dons.

Fiquei fascinado com a liderança logo no início da vida e comecei a estudar, enquanto me formava em Belas Artes e Teologia na Oral Roberts University, e durante o Mestrado em Administração de Liderança na University of Tulsa. Havia considerado estudar em Londres, como muitas pessoas do meu país fazem, porque éramos uma colônia britânica, mas tinha ouvido falar desta universidade cristã e quis ir para lá. Como principiante, fui designado para um comitê que se encontrava com o presidente todas as semanas. Conseqüentemente, fui capaz de observar e aprender diretamente com Oral Roberts, que fundou a universidade em Tulsa, Oklahoma, em 1963 e permanece presidente dessa universidade.

Roberts é um dos maiores exemplos de uma vida de liderança servil. Não creio que se passou um dia que eu não tenha ouvido a palavra *cura* de sua boca. Cura é sua paixão. Ele vive e realiza seu sonho, sua visão e seu dom para o benefício de milhares de pessoas. Seu desejo de melhorar as vidas das pessoas é a motivação de tudo que faz. Ele tem paixão e compaixão em equilíbrio perfeito. Isso é o que liderança realmente é.

Liderança é paixão, mas uma paixão equilibrada pela sensibilidade e o desejo de ver as vidas das pessoas curadas, melhoradas e desenvolvidas. Este é o componente da paixão. Por causa dessa paixão e compaixão, ele está constantemente tentando encontrar o maior número de maneiras possível para atender às necessidades das pessoas. Este era o exemplo que eu via nele.

Cresci em uma família de onze irmãos em uma das áreas mais pobres das Bahamas, e fui inspirado pela maneira com que Roberts, que fazia parte de uma tribo de índios iroquesa e de uma família de recursos modestos, teve de superar obstáculos para se tornar um grande líder. Fui capaz de observar e aprender com um mentor que havia vencido apesar de todas as probabilidades. Ele me dizia, "Não sonhe nenhum sonho pequeno por aqui, porque nada é impossível."

Um Fundamento Firme

Quando estava para me formar, estudei todas as teorias de liderança. Pensei, "Alguma coisa está errada com estas teorias, mas eu as estudarei de qualquer forma." Quando voltei para casa depois de meus estudos, fui trabalhar para o governo e continuei estudando liderança. Meus pais tinham me transmitido as Escrituras logo no início da vida.

Meu pai chamava-se Mathias e era pastor, e minha mãe chamava-se Louise e era uma voluntária da comunidade. Eles também me proporcionaram exemplos excelentes de serviço altruístico aos outros, sempre alimentando o próximo e compartilhando o pouco que tinham.

A Bíblia suscitou em mim um sentido de auto-estima, contrariando as baixas expectativas que a sociedade tinha para nós sob o colonialismo antes que as Bahamas se tornassem independentes. Comecei meu ministério público por volta dos 15 anos de idade, compartilhando as idéias a respeito de valores humanos, baseadas em minha compreensão do estilo de vida de Jesus Cristo. Meu ministério era em parte um resultado de meu papel no grupo de música que era conhecido por todas as Bahamas.

Quando adulto, comecei um estudo bíblico que se tornou uma "igreja" com cerca de sete membros. É agora a maior igreja das ilhas, a Bahamas Faith Ministries International. Seu trabalho alcança 1,8 bilhões de pessoas no mundo através do ministério diretamente, livros e programas de TV e rádio semanais em mais de oitenta e sete países. Escrevi muitos livros que têm sido traduzidos para vinte e uma línguas. Recebo setecentos a oitocentos convites por ano para palestras e viajo 400.000 quilômetros por ano. Tenho viajado por todo o mundo pregando, ensinado e compartilhando minhas idéias sobre liderança com igrejas, corporações e governos. Meu professor, mentor e técnico é Jesus Cristo, que acredito que ensinou as lições fundamentais sobre liderança através de palavras e exemplos. Sua idéia é simples: para liderar, você deve servir.

Vivendo para Servir

Meu pai é também um dos melhores exemplos de liderança servil que conheci. Não apenas ele e minha mãe trabalhavam juntos para ajudar os outros, mas ele também deu sua vida inteira para servir nossa família, onze filhos e uma esposa. Ele serviu minha mãe durante todos os cinqüenta e um anos de seu casamento e eu fui capaz de observar isso.

Todas as coisas que fez foram para nos tornar melhores. Nunca procurou fazer nada para si mesmo. Ser pastor na igreja significava que sempre queria servir fora de casa também. Hoje, mesmo aos 83 anos, ele ainda está falando nas igrejas ao redor do mundo e ajudando as pessoas.

Ele serviu na II Guerra Mundial. A Grã-Bretanha, que governou nossas ilhas naquela época, recrutava muitos dos nativos de descendência africana, os súditos, como auxiliares da Força Aérea Real do Império Britânico. Eles nunca viram nenhuma ação, mas aparentemente a Força Aérea trabalhava para ajudar os aviões que estavam levantando vôo ou aterrissando nas Bahamas. Quando a guerra terminou, a Grã-Bretanha forneceu um contrato de pensão por seu serviço.

Meu pai é um dos últimos membros vivos desse grupo e pelos últimos dez anos os serviu na posição de liderança. Hoje, ele é um presidente nomeado. Ele verifica onde os membros estão e leva o pagamento para eles semanalmente. Alguns deles vivem em áreas de baixa renda da ilha. Ele vai até eles e certifica-se de suas necessidades e as provê. Está com 83 anos e ainda serve seus companheiros.

Eu vejo nele um tremendo exemplo de liderança servil — nunca parar de servir. Ele não buscou a liderança. Simplesmente buscou servir as pessoas. Às vezes eu lhe pergunto, "Onde você está indo? Por que não descansa?" Ele diz, "Eu preciso encontrar meus companheiros e ter certeza de que receberão os cheques que necessitam para viver. Preciso cuidar deles." Você pensaria que ele precisa de alguém para tomar conta dele, mas é o mais saudável e o mais vibrante de todos. Talvez seja assim porque está servindo a todos.

A liderança servil proporciona auto-realização, e ele está realizado com o que está fazendo. Agora, ele está colhendo os benefícios desse serviço.

Antes de Tudo, Servir

"O que é liderança?" É, acima de tudo, serviço. Um líder é um servo das pessoas. Este é o ensinamento de Jesus Cristo. Como você se torna um líder servindo? Simples, você tem de servir alguma coisa ao mundo. O que você serve? Você serve seu dom. Quando você encontra seu dom e o oferece ao mundo, você se torna grande. Jesus disse que a grandeza acontece enquanto você está servindo seu dom e entregando a si mesmo ao mundo. Ter os outros servindo você não o torna grande. A liderança tem mais a ver com o renunciar a si mesmo e entregar a si mesmo aos outros do que com empregar pessoas.

Seja qual for o seu dom na vida, não é para que você o guarde, é para você dá-lo ao mundo. Deus o deu a você. Passe-o para os outros. A liderança servil é entregar o seu dom em todas as oportunidades. A liderança servil é uma autodistribuição à sua geração. Distribuição de si mesmo.

A liderança servil é estar preparado para entregar o seu dom em todas as oportunidades. Pare de aguardar até que seja grande para começar a servir. Não adie para quando você se formar ou for promovido. Limpe o banheiro e sirva. Faça chá e sirva. Arrume as cadeiras e sirva. Opere as câmeras e sirva.

Cante no coro e sirva. Corte a grama e sirva. Você deve servir em todas as oportunidades.

Se você quiser se tornar grande, primeiro tem de servir seu dom sem cobrança ou compensação. Ofereça seu serviço. Encontro pessoas que não estudaram e que simplesmente querem cobrar tarifas pelo que fazem. Eu não entendo isso, mas eu lhes digo, "Você nem pode soprar seu saxofone bem e quer salário? É melhor você encontrar um mentor que lhe permita ficar no palco e carregar o equipamento."

3

Por que Liderar?

UM MUNDO QUE PRECISA DE DIREÇÃO

"Nunca subestime seu próprio poder."

Não muito tempo atrás, a equipe de segurança do aeroporto me fez desatar o cinto pela primeira vez na minha vida. Eu pensei que minhas calças fossem cair. Eles disseram que queriam ter certeza de que a fivela não era uma faca. Quando minha esposa viaja comigo, não pode nem carregar seus artigos de toalete no avião. O medo está aqui. É contra esse histórico de terrores globais que este clamor internacional por uma liderança competente, eficiente, capaz e cheia de espírito se levanta. Precisamos de líderes agora.

Em Tempos Como Estes

A cada semana a mídia nos conta sobre um processo de eleição em algum lugar, visto que as nações estão buscando líderes que irão melhorar a vida do povo. Freqüentemente, este processo produz um grupo de líderes em cada continente que continua a desapontar os eleitores e suas comunidades com defeitos de caráter, abuso de poder, corrupção e ausência de idéias que abordem problemas conhecidos. Dessa forma, a busca por verdadeiros líderes continua. A cada quatro anos nos Estados Unidos, doze aspirantes à Presidência começam a "campanha eleitoral," declarando suas candidaturas para o mais alto posto da nação. Esta campanha tem se tornado cada vez mais longa e o processo mais cansativo com incontáveis convenções, eleições primárias, visitas políticas e debates com escândalos e calúnias sem sentido pelo caminho. Cada vez mais parece que não importa quantas pessoas concorram a este posto, os cidadãos acham difícil designar um que seja digno de seu voto.

Os Estados Unidos não estão sozinhos neste problema. Existe uma ausência de liderança em todo o mundo, tanto nas nações industrializadas como nas nações em desenvolvimento. As pessoas se perguntam onde podem encontrar líderes fortes em quem possam confiar.

Nossos governos, militares, negócios, escolas e igrejas necessitam de líderes eficientes que tenham por objetivo os melhores interesses do povo.

Você deve ser um destes líderes, e você o é agora. Nos mais sombrios momentos de desespero, temos sempre olhado para nossos líderes para que nos mostrem o que fazer nos tempos difíceis. Estes incluem heróis bíblicos como Moisés, Josué, Neemias, Ester, Débora, Davi e Daniel, e até mesmo lendas históricas como Ted Roosevelt, John F. Kennedy e Winston Churchill, que levou uma geração a acreditar que poderia sair da II Guerra Mundial. Temos Martin Luther King Jr., Mahatma Gandhi e Nelson Mandela para nos dar indícios contemporâneos da necessidade de liberdade e livre-arbítrio civil.

É imprescindível ter líderes visionários — uma liderança competente, qualificada e centrada de alto nível. É extremamente importante que a liderança de hoje não olhe meramente para a sabedoria ou o intelecto humano para enfrentar os desafios de nossos dias. Precisamos de liderança. Precisamos de uma liderança que possa explorar um outro mundo e um outro tipo de sabedoria, e outras soluções que não podemos criar na terra.

Acredito que cada necessidade no mundo será atendida se todos descobrirem e maximizarem a liderança potencial interna. Todo ser humano nasceu para contribuir com sua geração. Ninguém vive apenas para ocupar espaço. Se todos viessem a descobrir seu próprio valor, equilibrado pela compreensão de que os outros também têm uma contribuição a fazer, todas as necessidades no mundo seriam atendidas.

Estou convicto de que toda necessidade humana é conseqüência de alguém que não está liderando ou não está doando seu dom ao mundo.

Tudo começa e termina na liderança. Passam os líderes, e também passa a nação. Passam os líderes, e também passa a família. Passam os líderes, e também, passam nossas comunidades. Mas se todos nós entregarmos nossos dons ao mundo, poderemos melhorar nossas vidas e as vidas de outros. Se todas as peças trabalharem juntas, então, a humanidade "guiará um lindo carro."

Se todos nos tornarmos os líderes que devemos ser, poderemos resolver muitos problemas do mundo. Mas a maior parte das pessoas não descobriu quem é, o que possui e como doar isso ao mundo. A liderança servil é uma filosofia de liderança com uma mensagem básica:

Todo ser humano foi criado para liderar. Seu desejo e predisposição para liderar é inato.

Todo ser humano possui potencial para liderança. Você tem a habilidade para liderar na área de seu dom.

Preso em cada seguidor está escondido um líder. Se você aceitar falsas idéias sobre quem pode ou não se tornar um líder, isso pode sufocar seu potencial.

Embora todos tenham nascido para liderar, a maioria irá morrer como seguidor. Se você não identificar e explorar seu talento, ele será desperdiçado e enterrado com você.

Liderança é sua história e seu destino. Você foi criado para ser um líder e destinado a pôr em prática sua atribuição.

O mundo precisa de sua liderança. Você existe para atender a necessidades específicas que ninguém mais pode atender.

4

Quem é o Maior?

"AQUELE QUE SERVE"

"Todo ser humano veio à terra com algo que a humanidade necessita."

Todos querem tocar na banda — ninguém quer só ficar no palco ou carregar o equipamento. Todo ser humano deseja ser grande! O desejo de grandeza é inerente ao espírito humano e é a principal motivação de todas as decisões e ações humanas. No entanto, poucos admitiriam esta realidade e a maioria iria negá-la. Muitos manifestam sua negação em uma demonstração de falsa humildade, alegando que querem apenas "servir," quando, de fato, sua motivação para o serviço é atenção, reconhecimento e admiração. Essencialmente, o auto-serviço é dissimulado com humildade. Talvez até mesmo a definição de grandeza deva ser redescoberta e o conceito tradicional desafiado, especialmente em nossa geração.

Em nosso mundo materialista, grandeza é definida como fama, popularidade, erudição ou realização econômica e notoriedade. A grandeza pode resultar dessas qualidades, mas estas não são definições de grandeza.

O conceito de grandeza é mais bem definido pelas pessoas que consideramos grandes através da história. Entre aqueles que poderiam ser considerados grandes no contexto de sua influência e impacto na sociedade humana estão nomes como Maria Teresa, Nelson Mandela, Abraham Lincoln, Martin Luther, Martin Luther King Jr., Michael Jordan, Tiger Woods, George Washington Carver, Thomas Edison, Benjamin Franklin, Mohatma Gandhi, Henry Ford, Bill Gates, Walt Disney, Alexander Graham Bell, Albert Einstein, Babe Ruth, Jesse Owens, Florence Nightingale, Helen Keller, Pablo Picasso, Sam Walton, Oprah Winfrey, Steven Spielberg, os Irmãos Wright, Steven Jobs e Bessie Coleman.

Um estudo cuidadoso de cada indivíduo irá revelar que a grandeza não foi um produto de estudos acadêmicos ou educação formal, status social ou educação superior, mas, surpreendentemente, a grandeza de cada um estava relacionada à descoberta, desenvolvimento, refinamento e entrega de um "dom" sem-par a seus iguais.

É também essencial notar que nenhum deles desejou ser grande ou procurou a grandeza como uma meta, mas, em vez disso, estavam todos preocupados em colocar seu dom exclusivo a serviço da humanidade.

A grandeza, portanto, tem pouco a ver com a busca de popularidade, fama, reconhecimento ou poder, mas, ao contrário, é o resultado de "entregar o dom da pessoa ao mundo."

Quando você dá seu dom ao mundo, você se torna importante para a humanidade e as pessoas irão descrevê-lo como "grande." Em resumo, a grandeza é significado. Provém do valor que você traz para a vida com seu dom. É disso que este livro trata, porque todo ser humano na terra veio com um dom inato. Isso nos torna todos potencialmente grandes!

Cerca de dois mil anos atrás em uma pequena vila na região do norte de Israel, um rabino judeu de 30 anos, que é considerado o maior espécime humano que já viveu na terra, Jesus Cristo, definiu grandeza para seus discípulos de uma forma singular. Vamos juntos rever a lição de Jesus sobre grandeza na liderança.

A Lição em Cafarnaum

Um dia, viajando da Galiléia para Cafarnaum, Jesus aparentemente ouviu uma discussão entre seus discípulos. Quando se aproximaram, Ele perguntou do que se tratava. Eles calaram-se, em vez de admitirem que estavam discutindo sobre quem era o maior. Talvez Ele tenha percebido, porque, imediatamente, chamou todos os doze para explicar Seu conceito de grandeza:

Marcos 9:33–35

33 E chegaram a Cafarnaum. Quando ele estava em casa, perguntou-lhes: "O que vocês estavam discutindo no caminho?"
34 Mas eles guardaram silêncio, porque no caminho haviam discutido sobre quem era o maior.
35 Assentando-se, Jesus chamou os doze e disse: "Se alguém quiser ser o primeiro, será o último, e servo de todos."

O texto bíblico também diz que os discípulos que estavam ao redor de Jesus na última ceia de Páscoa começaram a discutir depois que Ele havia predito que um deles iria traí-lo:

Lucas 22:24

Surgiu também uma discussão entre eles, acerca de qual deles era considerado o maior.

Novamente, estavam considerando quem seria o maior entre eles. "Quem é o líder?" Era uma luta pela liderança. Jesus disse-lhes, "Os reis das nações dominam sobre elas [as pessoas]" (V. 25). Ele os corrigiu. Censurou-os. Ele não censurou seu desejo de ser grande. Censurou o processo que utilizaram.

Anteriormente, os discípulos Tiago e João tinham tentando alcançar a grandeza, tendo vantagem sobre os outros, por associação ou informações privilegiadas, abuso de privilégio ou violando a amizade.

Mateus 20:20–21

20 Então, aproximou-se de Jesus a mãe dos filhos de Zebedeu com seus filhos e, prostrando-se, fez-lhe um pedido.

21 "O que você quer?" perguntou ele. Ela disse, "Declara que no teu Reino estes meus dois filhos se assentarão um à tua direita e o outro à tua esquerda."

Estavam tentando fazer o mesmo que todo mundo, passar à frente. Estavam tentando tornar-se grandes em detrimento de seus amigos, em detrimento da família com quem viveram por três anos, em detrimento das pessoas que confiaram neles. Não se importaram com os outros dez. O desejo de grandeza e posição de liderança pode fazer com que as pessoas vendam suas almas, violem suas consciências, isolem seus relacionamentos e abusem da confiança das pessoas. É isso que Deus rejeita, não nosso desejo de grandeza.

O Criador da humanidade não é contra nosso desejo de alcançar grandeza. Deus é contra o processo que as pessoas utilizam para alcançá-la. Jesus não desencorajou o desejo de grandeza. De fato, estimulou desejá-la e mostrou aos discípulos como atingi-la. Quando Seus próprios homens queriam ser grandes,

Ele lhes mostrou *como* se tornar grande. Jesus toma a grandeza e a purifica. Todo mundo na terra deseja ser grande, todos nós e Jesus diz que esse desejo não é pecaminoso.

"Quem é o maior?" É a eterna discussão. Todo mundo quer ser o maior. Você quer grandeza, ainda que não o admita. No fundo do coração, todos têm um plano secreto de chegar ao topo. É por isso que tramamos. É por isso que mantemos e desenvolvemos contatos, procuramos estudar e buscamos promoções. Queremos grandeza. É uma busca antiga que ainda perdura.

Além disso, devemos nos preocupar quando as pessoas não querem ser grandes. Se seus filhos ou outros em seu ambiente não desejam grandeza, alguma coisa está errada com eles. Precisam de atenção. Alguém feriu seu espírito, os desencorajou ou frustrou. Perderam alguma coisa. Qualquer um que jure que não quer ser grande está sendo desonesto.

O desejo de grandeza é, às vezes, definido ou descrito como ambição, mas este desejo inerente e natural é saudável para o desenvolvimento humano e alimenta a necessidade humana de paixão e busca. O desejo de grandeza é a fonte da realização e inspira significado. Dá ao espírito humano motivação para a aspiração. O desejo de grandeza é quando nasce o incentivo ao progresso, desenvolvimento e criatividade. É bom ter desejo de grandeza!

Como se Tornar Grande...

Quando eu era pequeno, queria ser grande, mas tinha um problema. Tinha a igreja me dizendo que não deveria desejar isso. Tinha meu professor estrangeiro branco me dizendo que eu não merecia ser grande. Então, eu tinha meus pais que diziam, "Bem, fazer o seu melhor para sobreviver." Eu tinha meu ambiente e a pobreza reforçando o fato de que a grandeza estava fora de alcance. Tinha tudo isto ao meu redor, e aí vem este sujeito Jesus me dizendo. "Qualquer um pode ser grande." Fui ensinado, "Não deseje grandeza, não tente ser grande."

"Veja, se você quiser ser grande...", Jesus diz. "Olhe, ele será grande..." Cristo diz, "Olhe, vou lhe *mostrar* como se tornar grande. Eu sei que isso é natural. Aqui está o processo. Você torna-se grande ao se doar ao mundo."

Mateus 20:26–27
26 Não será assim entre vocês. Ao contrário, ***quem quiser tornar-se importante*** *entre vocês deverá ser servo, e quem quiser ser o primeiro deverá ser escravo.*
[ênfase acrescentada]

Quando Jesus falou disso aos seus estagiários de liderança, também conhecidos como discípulos, não lhes disse que era errado desejar ser grande. Reconheceu que esse desejo é natural. Ele lhes disse como chegar lá. Não desencorajou seu desejo de grandeza. Isso pode chocá-lo, porque é o oposto da imagem de Jesus. Tudo que pensamos sobre Ele é o oposto disso; que Ele era humilde, um sujeito amável, que queria que todos fossem capachos — dê a outra face e assim por diante. Para a maioria de nós foi ensinado que este homem, Jesus, disse para sermos humildes, bons para com os outros e não desejarmos ser grandes. Foi-nos ensinada a subserviência como a meta da humildade e, portanto, grandeza espiritual.

Jesus disse *quem quiser tornar-se importante*. Isso significa o sujeito debaixo da ponte ou o sujeito dormindo em um castelo. Isso tira a liderança das mãos de poucos da elite, dos poucos privilegiados e coloca nas mãos de qualquer ser humano que aprende o segredo.

Ele está dizendo que a grandeza não só é possível, mas também acessível e é acessível a todo ser humano — *seja quem for.*

Aqui está Ele, essencialmente, dizendo, "Ei, pessoal, vocês querem ser grandes? Eu tenho o segredo." Se quiser entrar no Meu Reino, você não é dono das pessoas. Não as controla. Não as manipula. Não as oprime. Não as ameaça. Você não usa as pessoas no Meu sistema. Liderança no Meu Reino, no Meu País é entregar a si mesmo às pessoas.

*"Não será assim entre vocês. Ao contrário, quem quiser tornar-se importante entre vocês deverá ser **servo,** e* quem quiser ser o primeiro deverá ser ***escravo."*** (Mateus 2:26-27, ênfase acrescentada). Ele quer dizer isto: quem quiser ser o primeiro, procure o que as pessoas querem que seja feito e seja *escravo do seu dom.*

Se você quiser ser grande, o maior será aquele que for servo de todos. Ele serve a todos aquilo que tem. O que ele tem? Seu dom. Se você refinar seu dom, desenvolvê-lo, e, então, servi-lo ao mundo, você se torna grande.

Você pode ler os grandes pensadores da filosofia, administração, comércio, desde o filósofo Platão ao especialista em administração organizacional Peter Drucker, e não encontrará em nenhum outro livro a idéia expressa nesta lição. Mesmo nas sessões adicionais de Cristo sobre liderança junto aos Seus discípulos, a idéia é a mesma (Mateus 20:26, Mateus 23:11, Marcos 10:43, Lucas 22:26).

Você pode isolar Jesus como um filósofo, não como o Filho de Deus, para testar como Suas teorias a respeito de liderança se comparam com as outras e observar como Ele a exemplificou em sua própria vida. Quando nós fazemos isso, Sua idéia ofusca todas as outras teorias. Esta idéia é que a liderança não tem nada a ver com mandar nas pessoas. Tem mais a ver com seu dom — identificá-lo, maximizá-lo e entregar esse dom ao mundo.

Desafiando o Pensamento Convencional

O conceito de liderança que Jesus introduziu é tão radical que exige **uma mudança de paradigma da idéia de que os seguidores servem os líderes para a idéia de que os líderes servem o mundo**. Sua filosofia de liderança desafia o *status quo* da liderança contemporânea. Pelo pensamento convencional, o conceito de liderança, ou a liderança é: "Quantas pessoas você controla? Se você é um líder, quantas pessoas estão abaixo de você? Quantas pessoas olham para você, quantas pessoas o adoram? Quantas pessoas o admiram? Quantas têm medo de você? Quantas pessoas estão diretamente ligadas a você? Quantas pessoas você tem em sua folha de pagamento? Quantas pessoas você influencia?" Todos estes são conceitos antigos de liderança.

A filosofia de Jesus vira esses conceitos de cabeça para baixo. O conceito de grandeza deste mundo é: "Quantas pessoas o servem?" Ele inverte isso: "Quantas pessoas você serve?" Ele baseia Sua idéia de liderança em valores completamente diferentes. Você não pode medir a verdadeira liderança por quantas pessoas servem você, mas por quantas pessoas você serve. Ele diz, essencialmente, e eu repito, "[Eu] não vim para ser servido, mas para servir o mundo."

Mateus 20:28
Como o Filho do homem, que não veio para ser servido, mas para servir e dar a sua vida em resgate por muitos.

O Mais Jovem da Família

Jesus muda o conceito. Ele diz, "Estou introduzindo uma nova filosofia de liderança hoje. O maior entre vocês deve ser *o mais jovem.*"

Lucas 22:26
Mas vocês não serão assim. Ao contrário, o maior entre vocês deverá ser como o mais jovem, e aquele que governa, como o que serve.

Lembre-se de que, anteriormente, Ele disse "servo." Neste seminário para os discípulos, Ele muda isto. Ele muda a palavra e usa a frase "o mais jovem."

Deixe-me compartilhar com vocês minha experiência de "mais jovem." Sou de uma família de onze filhos, dos quais eu era o número seis. Por um período, eu fui o mais jovem – com cinco irmãos mais velhos. O mais jovem é aquele que todos os outros chamam para fazer tudo. "Vá pegar meu sapato." "Traga-me um copo de água." "Desligue a TV." "Traga aquele papel aqui." "Traga-me aquele livro." "Cale a boca." "Vá até lá." "Limpe isto." "Saia daqui."

O mais jovem é aquele que faz tudo. Chamam-no para fazer tudo.

Isso é incrível para mim, que sirvo minhas irmãs e irmãos mais velhos até hoje. Eles são membros de minha organização. A maioria de nossa família está servindo em posições de liderança em algum lugar de nossa comunidade hoje em dia. Creio que é porque nós vimos os exemplos de liderança de nossos pais. Meu irmão mais velho, Oscar, costuma esforçar-se além da quota para ajudar as pessoas, dá dinheiro para causas de caridade e presta serviços ajudando os outros. Ele é empreiteiro e construtor, e às vezes ajuda outras pessoas ao construir suas casas e as entrega como um presente. Às vezes tenho vontade de perguntar-lhe: "Mas o que é que você está fazendo?" Porém, creio que a resposta é liderança.

Minha irmã mais velha, Sheila, é assistente administrativa. Constantemente ela quer ajudar os outros a serem melhores.

Todos meus irmãos mais velhos têm trabalhado todas suas vidas como servidores públicos em posições de liderança. Toda minha família tem servido a comunidade em alguma área de importância. A influência da liderança servil sempre esteve comigo.

A Primeira Pessoa que é Chamada

A Bíblia diz que você é grande quando as pessoas continuam chamando-o. Você é grande, quando desenvolve seu dom tão bem que a primeira pessoa em que pensam quando precisam que alguma coisa seja feita é você. Não considere isso um abuso. Isso é grandeza. As outras pessoas não estão produzindo; você está. Este é o motivo pelo qual os ocupados estão sempre ocupados. Reiterando o antigo ditado, "Se você quer que alguma coisa seja feita, peça a uma pessoa ocupada." As pessoas ocupadas já sabem como as coisas devem ser feitas. A maioria daqueles que não estão ocupados não está procurando alguma coisa para fazer. Se você lhes der alguma coisa para fazer, ela não será feita. O maior entre vocês deve ser o mais jovem, o filho que tem de executar as ordens de todos os outros. "Por que eu de novo?" "Porque você é grande!" "Escolha outra pessoa!" "Não, você é grande. Eu posso confiar em você. Você faz com que as coisas sejam feitas."

Jesus diz, basicamente: "Se você quer ser o maior, seja como o mais jovem, e a pessoa que governa será como aquela que serve." Ele diz, "Olhe, você quer ser a pessoa que governa tudo? Então, a maneira de chegar a uma posição de liderança é ser aquele que parece estar servindo o tempo todo."

Se a empresa para a qual você trabalha evita chamá-lo, você tem um problema. A palavra *feito* significa "executado", derivada de *executivo.* Um executivo realiza as coisas. Se eles não o chamam, é um mau sinal.

Quando uma empresa como a Disney ou a AT&T começa a perder dinheiro, não demite os trabalhadores, demite os CEOs, ou seja, os Chefes Executivos da Empresa. Por quê? Eles não conseguiram fazem com que as coisas fossem feitas.

Deus odeia a preguiça. Deus ama voluntários. Pessoas que fogem das responsabilidades nunca as terão. Não espere que eles o chamem. "Eu vou limpar o banheiro, vou limpá-lo. Eu! Eu, eu!"

Quando você se esconde da responsabilidade, Deus esconde a grandeza de você. Quando você se torna valioso, as pessoas olham para você. Se elas não sentem sua falta, você está em dificuldade. Você é um incômodo. A grandeza é evidente quando sentem falta de você. Sentem sua ausência porque você lidera muito quando está por perto. Seu dom é tão valioso que as pessoas mandam chamá-lo.

Os textos bíblicos dizem que o dom de uma pessoa abre caminho e a traz à presença dos grandes.

Provérbios 18:16:

O presente abre o caminho para aquele que o entrega e o conduz à presença dos grandes.

Tenho estado em reuniões com chefes de estado, chefes de empresas e chefes de igrejas. Em reuniões com esses grandes líderes que querem meu conselho, eu penso, "O que estou fazendo aqui? Como cheguei aqui? Por que este homem está me fazendo estas perguntas?" Estas perguntas afetam o país inteiro, e eu estou pensando: "Eles me chamaram por causa do meu dom. Não me conhecem pessoalmente, mas conhecem o meu dom." Governos e empresas de alto nível algumas vezes me chamam por causa do meu dom.

Isso me torna humilde, e me faz lembrar a história de José do Antigo Testamento. José tinha um dom. Tinha uma reputação de interpretar sonhos, mas estava na prisão.

Gênesis 41:14–15
14 O Faraó mandou chamar José, que foi trazido depressa do calabouço.
Depois de se barbear e trocar de roupa, apresentou-se ao faraó.
15 O faraó disse a José: "Tive um sonho que ninguém consegue interpretar.
Mas ouvi falar que você, ao ouvir um sonho, é capaz de interpretá-lo."

Quando o rei precisou daquele dom, mandou chamar José. Não importa onde as pessoas estejam. Se for divulgada a informação sobre seu dom, as pessoas que necessitarem dele serão as primeiras a chamá-lo. Um dom trouxe José diante de um grande homem. Levou-o ao líder do Egito. José não era importante, mas seu dom era.

As pessoas nunca irão torná-lo grande. Seu dom o fará grande. Quanto mais eficientemente você oferecer esse dom ao mundo, maior será sua contribuição para ele.

Os Líderes de Hoje

Desde Jesus, ninguém — nenhum filósofo, professor e nenhuma ideologia — introduziu nada para melhorar Sua idéia de que existimos para servir a humanidade, não para sermos servidos por ela. Toda faculdade em nosso mundo contemporâneo necessita de um curso especial de liderança servil. Nossos líderes mundiais contemporâneos precisam reintroduzir a idéia de Jesus e sua idéia de liderança. Continuamos a preparar líderes empresariais cujo objetivo é encher seus próprios bolsos, em vez de servir a comunidade.

Se as empresas querem ser bem-sucedidas, devem esforçar-se para ser grandes companhias, mas companhias que servem. Talvez os presidentes das empresas e os CEOs devam fazer perguntas diferentes — não quanto dinheiro podemos ganhar de um cliente, mas o quanto melhor podemos servir o cliente? Como podemos tornar as vidas dos clientes mais fáceis e mais cômodas?

Como podemos fornecer-lhes uma melhor qualidade? Se as organizações mundiais tentarem se tornar líderes servis, ou seja, líderes que servem, elas se converterão em grandes companhias ou entidades na sua geração.

Creio que a extinção de qualquer organização ocorre quando os indivíduos que assumem sua direção se preocupam mais com a organização em si do que em servir ao mercado que atendem.

Os líderes empresariais tornam-se tão interessados em seus lucros e salários pessoais que perdem o propósito real sobre o qual fundaram a companhia, que era fornecer melhoria e satisfação ao cliente.

O século XXI encontra-se ainda com uma grande necessidade da idéia do primeiro século, em que Jesus apresentou a liderança servil. A liderança imperfeita sempre tenta usar a autoridade para controlar as pessoas. Os líderes imperfeitos exercitam autoridade sobre as pessoas e "chama-se a si mesmos de benfeitores."

Lucas 22:25

Jesus lhes disse: "Os reis das nações dominam sobre elas; e os que exercem autoridade sobre elas são chamados benfeitores."

Benfeitor é uma palavra expressiva. Estes reis dominavam sobre as pessoas, mas alegavam que sua motivação era ajudá-las. Diziam que estavam apenas sendo benevolentes, fazendo coisas boas para elas. Usavam as pessoas para seus propósitos pessoais e fingiam que era para o benefício delas.

O paradigma tradicional é que os líderes tiram proveito de seus seguidores: "Usem-nos para seu próprio benefício. Tributem-nos sem legislação aprovada pelo congresso, confisquem a maior parte de sua produção e deixem que permaneçam lhes devendo. Mantenham os salários baixos e maximizem os lucros. Façam jogo duro nas negociações trabalhistas. Concedam o contrato àquele que irá lhes pagar uma parcela."

Isto não é liderança. Todavia, descreve muito a liderança no mundo de hoje. Usar as pessoas para beneficiar os governantes. Aproveitar-se do medo das pessoas para intimidá-las. Ameaçá-las para manter o controle.

Como Jesus Lideraria?

Jesus nasceu como membro de uma colônia do Império Romano. Nasceu sujeito ao poder imperial, e a solução que Ele deu para a opressão do governo imperial mais poderoso da história foi a liderança servil. Sua resposta aos problemas foi que simplesmente servíssemos, em vez de sermos servidos. Ele usou o Império Romano como um exemplo do que acontece com a sociedade quando o governo não serve as pessoas. Disse para inverter isso, porque o bom governo concentra-se em servir as pessoas, em vez de ser servido.

Se Jesus Cristo voltasse a terra hoje, creio que sua primeira reação seria afastar-se de 90% das pessoas que afirmam representá-lo. Repreenderia qualquer outro sistema que esteja controlando, pressionando, manipulando ou governando a humanidade. Se você considerar o mundo dois mil anos atrás, a situação não era muito diferente da de hoje. Em vez de um império, temos múltiplos impérios, mas suas políticas têm os mesmos resultados.

Jesus provavelmente diria que os governantes deste mundo desejam dominar o povo, querem tributá-lo, em vez de servi-lo, mas não será assim com *vocês* — com esta nova geração de líderes servis que está sendo preparada. Ele poderia perguntar: "Qual o governo atual que tem por objetivo o verdadeiro interesse do povo? Que empresa, Que escola? Que igreja?"

Não será assim com vocês.

Compreendo os Princípios

As palavras *servo* e *líder* juntas poderiam parecer um paradoxo, um oxímoro, mas os termos se encaixam no conceito de Jesus. Eu estudei o assunto e resumi sua essência em sete princípios para que pudessem ser compreendidos pelas pessoas em todo o mundo. Os princípios são estes:

Liderança É . . .

1. **A Liderança é uma *predeterminação, não uma preferência.*** A liderança não é algo para você fazer, é algo que você é. Você não pode aposentar-se dela, como um pássaro não pode deixar de voar. Exatamente antes de Jesus lançar Sua idéia de ser servo para ser grande, ser um mero escravo mesmo, os discípulos estavam discutindo sobre posição, desejando lugares ideais: "Nós preferimos sentarmo-nos lá," diziam. Ele disse: "Olhem, vocês não têm preferências no reino de Deus. Tudo já está predeterminado."

Mateus 20:23

Jesus lhes disse: "Certamente vocês beberão do meu cálice; mas o assentar-se à minha direita ou à minha esquerda não cabe a mim conceder. Esses lugares pertencem àqueles para quem foram preparados por meu Pai."

Há um lugar para você no reino de Deus. Ninguém pode tomá-lo, e você não pode tomar a posição de ninguém também. Estes lugares — essas posições de autoridade, grandeza e liderança — pertencem àqueles escolhidos a dedo, àqueles pré-selecionados. Deus está preparando esse lugar para eles.

2. **Liderança é *um lugar preparado.*** No reino de Deus, todos têm um lugar reservado. É uma posição de liderança e está preparada para você. Deus predeterminou seu lugar antes de formá-lo. Ele o gerou para ocupar esse lugar. "Você não sai procurando por ele," Jesus diz "Meu Pai já o preparou." Ele reservou os lugares para todos que espera que os ocupem. *Mateus 20:23*. Quando você prepara algo, significa que o estabelece antecipadamente. O que você nasceu para fazer está, para todos os efeitos, predeterminado. Você pode recusar-se a levá-lo a efeito, mas sofrerá amargamente por transformar-se em algo que Deus não tinha em mente.
3. **Liderança *requer um preço a ser pago.*** Para ter seu lugar, você tem de pagar um preço. Jesus disse, "Vocês têm de beber o cálice para assentar-se no seu lugar." *Mateus 20:22 "Vocês não sabem o que estão pedindo." Jesus disse a eles. "Podem vocês beber o cálice que eu vou beber?" "Podemos." Responderam eles.* Muito embora vocês tenham nascido para ser líderes em seu contexto, isto vem com um preço. É um processo de preparação, treinamento, desenvolvimento e refinamento. A posição está preparada para você, mas você precisa se preparar para a posição.
4. **A Liderança lhe é *inerente.*** A liderança não é lhe concedida por pedido ou oração. Você nasceu com ela. Se você irá desenvolvê-la, usá-la, colocá-la em prática

fica totalmente a seu critério, mas a capacidade está incorporada. Poucos de nós irão dirigir seu carro a cento e quarenta e cinco quilômetros por hora, mas a capacidade está lá. O fabricante colocou-a lá. A humanidade é única parte da criação que tem esta escolha, esta questão de usar ou não suas capacidades. Deus criou este componente único chamado vontade. Nós *podemos* decidir não querer ser o que fomos criados para ser.

5. **A liderança é um *depósito divino.*** Quando Jesus disse a seus colegas Tiago e João que seu Pai já tinha "um lugar preparado para eles" (João 14:3), Ele estava supondo que eles estavam pedindo a posição de uma outra pessoa e estavam apelando para Ele, a fim de consegui-la. Não era Sua decisão lhes dar, isso não cabia a ele, mas a decisão tinha sido feita e um depósito de garantia tinha sido pago. Nós não temos de decidir qual é nosso dom de liderança. Está depositado no nosso próprio ser. Ele nos diz, "Olhem, Deus preparou isto, e eu não posso lhe dar a posição de uma outra pessoa. Você pode jejuar e orar, mas não vai mudar as posições."
6. **A liderança *não é para você, mas para os outros.*** Você nasceu para servir. Seu dom não é para você. Está aí para que você possa entregá-lo aos outros. A liderança é como um sorriso. Quando você sorri, os outros podem ver, mas você não. Beneficia os outros mais do que a você mesmo. O carro não existe apenas para levar a si mesmo de um lugar para o outro. Existe para transportar alguém. Liderança é serviço.
7. **Liderança consiste em você se tornar aquilo que verdadeiramente é *para o benefício dos demais.*** Tornar-se você mesmo. A liderança não é aquilo que você faz, mas sim aquilo em que você se *torna*. Você tem de descobrir sua vocação. Para o que nasceu.

Este é o seu domínio. Tornar-se você é um processo que começa com o autodescobrimento. Se você estiver pronto para fazer sua jornada, pergunte-se:

Quem sou eu?
Qual é meu dom?
Como e a quem devo servir?

PARTE 2

OS SETE PRINCÍPIOS DE UMA LIDERANÇA SERVIL

5

Este é o Meu Lugar: Vá Encontrar o Seu

PRINCÍPIO 1
PREDETERMINAÇÃO, E NÃO PREFERÊNCIA

"Há lugar para todo mundo no topo."

Os líderes governamentais queriam construir uma estrada que daria direto em uma pequena cidade. No caminho da estrada havia um templo budista, um lugar extremamente sagrado. O governo gastou muito dinheiro na construção da estrada, por isso não podia mais mudar sua rota. Assim, as autoridades decidiram transferir o templo para um belo lugar em uma colina.

Trouxeram arqueólogos, arquitetos, outros especialistas e trabalhadores e começaram a desmontar este templo, pedra por pedra, de forma que pudessem depois reproduzir o original. No meio do templo antigo havia o seu mais precioso objeto — uma imensa estátua de Buda. Por séculos, todos os dias, as pessoas vinham adorá-lo.

Os trabalhadores trouxeram um guindaste para erguer o Buda. Colocaram grandes correntes apertadas ao seu redor e oraram, "Não deixe nada acontecer a este Buda," para que eles também pudessem ir lá a maior parte de suas vidas adorar este Buda de argila maciça. Enquanto erguiam o Buda acima do chão, subitamente, o braço caiu. Todos começaram a chorar e, então, o outro braço quebrou-s; em seguida, a orelha caiu e era muito tarde para parar. Quando o transferiram para o novo local, a maior parte da argila tinha caído.

Os trabalhadores estavam muito abatidos e o governo estava com medo de que as pessoas se rebelassem contra ele. A vila inteira ficou em volta do Buda, enquanto a argila continuava a cair no chão. De repente, as pessoas viram algo que nunca souberam que existia — apareceu sob toda aquela argila uma estátua de Buda de ouro puro. Seus ancestrais tinham-na escondido sob a argila de forma que os ladrões não pudessem roubar a estátua de ouro.

O Buda não poderia ter brilhado até alguém movê-lo. Estava no lugar errado.

Os líderes nascem quando as pessoas descobrem seus dons e encontram o seu lugar. Eles necessitam primeiramente descobrir o que têm dentro de si, por debaixo da camada superficial. Da mesma forma, os líderes têm de descobrir o que está no seu interior para poder se ligar com o seu lugar. Quando alguém se liga com o seu lugar, o dom torna-se real. Caso você sentir a sensação de "braço frouxo" enquanto lê sobre liderança servil, não entre em pânico. Se você sente desmoronar a identidade de que tanto gosta, permita que desmorone. Quando nossos conceitos antigos começam a falhar, devemos deixá-los.

Todos ser humano tem um lugar no universo. O universo possui um lugar para seu dom. Todavia, se você for uma pessoa comum, provavelmente viveu a maior parte de sua vida em um emprego que não é o certo para você, colocando-o em constante estresse e conflito com quem você é. Cada um de nós deve encontrar seu lugar. Apenas você pode ocupar seu lugar e ninguém precisa ter inveja do lugar de ninguém.

Nosso lugar é onde supostamente devemos estar, ser o que simplesmente *somos* por natureza. Quando não somos nós mesmos, experimentamos estresse. Quando não estamos onde deveríamos estar — física, emocional e espiritualmente — experimentamos estresse. O Criador não criou seres humanos para viver com estresse e muito do estresse que experimentamos é resultado de estarmos no lugar errado.

A maioria das doenças e enfermidades humanas resultam de estresse, da perda do controle dos hormônios, produzindo reações de "luta ou fuga."

A adrenalina é um hormônio que serve para nos dar as injeções de energia que necessitamos temporariamente para lidar com o perigo — por exemplo, para fugir de um leão ou para travar um combate corpo-a-corpo com uma tribo invasora. Todos nós ouvimos histórias de mães de pequeno porte, que, no auge de uma crise, geram força extraordinária para erguer o carro que atropelou o seu bebê — uma façanha atribuída à adrenalina.

O perigo é geralmente uma situação de curta duração, mas quando uma situação se torna crônica — tal como estar malempregado, estar envolvido em um mau casamento ou hábito errado — o corpo fica preso a um estado de crise. E continua a bombear adrenalina por um prazo longo, como alguém que pisa no acelerador do seu carro enquanto mantém o freio travado. Mesmo em uma atividade agradável, que o corpo interpreta como estresse — tal como participar de uma corrida de automóveis ou jogos de computador — pode produzir adrenalina. Algumas pessoas parecem procurar estresse, drama e crise constante para manter a sensação de corrida e emoção. Qualquer que seja a causa, o corpo, a mente e as emoções não conseguem lidar com o estresse de longo prazo. Isto eventualmente resulta em um custo para o coração e outros sistemas do corpo humano.

Muitas pessoas ficam presas a este estado de estresse. Infelizes em seus empregos, produzem adrenalina porque o estresse ativa seu instinto de "fuga."Talvez necessitem do dinheiro e, por causa disso, sintam que devem permanecer no trabalho, vivendo sob o estresse. O conflito com o chefe pode despertar o corpo para "lutar" — mas a mente sabe que isso não é possível no ambiente civilizado do local de trabalho nem na sala de reuniões da diretoria ou durante negociações comerciais.

Estes trabalhadores frustrados mal podem esperar para chegar em casa, porque para eles o lar é como a liberdade da prisão — a prisão do estresse. Você quer deixar seu trabalho, mas tem de ficar lá, por causa de uma coisa chamada salário.

Ou, talvez, sua situação seja justamente o oposto. Você ama seu trabalho e praticamente vive no escritório para escapar de um ambiente familiar desagradável. Suas longas horas de trabalho evitam uma esposa irritante ou filhos ruins ou pais dominadores.

Pela palavra *lugar,* quero dizer seu lugar no universo da humanidade. Cerca de 6,7 bilhões de pessoas vivem no mundo de hoje e Deus projetou um lugar para cada uma delas, incluindo o seu. A pessoa comum morre sem nunca encontrar esse lugar, fazendo algo que não nasceu para fazer. Este é o motivo pelo qual as vidas dessas pessoas são miseráveis e, por esta razão, são pessoas frustradas.

O estresse é a pressão colocada em sua vida — seu corpo, sua alma e seu espírito; você não foi projetado para lidar com ele. A morte prematura é conseqüência das pessoas estarem fora de seus lugares na vida, porque o estresse mata.

Na Casa de Meu Pai

O oposto do estresse é a paz. Paz. Imagine ser pago para estar em paz. Paz em todo o tempo era o plano original de Deus para você. Este é o motivo pelo qual O chamamos de Príncipe da Paz (vide Isaías 9:6). Ele é o Deus da paz. Não é o deus do estresse.

Meu objetivo é ajudá-lo a encontrar um lar. Você nasceu para ficar em um lar. Não estou falando de uma casa. O esportista costuma se referir à sua "área de jogo" como o lugar onde joga melhor. Assim, a gente diz "Hoje o Fulano está realmente jogando na área, está se sentindo em casa." Ele está no lar, no seu lugar, na sua mansão.

Quando Jesus estava preparando seus discípulos para Sua partida, mencionou o assunto da grandeza novamente. Todos estavam disputando posições, mas Ele disse mais ou menos isto: "Por que vocês estão se preocupando? Não quero que vocês entrem em pânico. Há uma mansão para todos."

*João 14:1–2 - Versão King James**
1 Não se turbe o coração de vocês. Creiam em Deus; creiam também em mim.
2 Na casa de meu Pai há muitas mansões; se não fosse assim, eu lhes teria dito. Vou preparar-lhes lugar.

A palavra que é traduzida como *mansão* na Versão King James, em hebraico, quer dizer "lugar de autoridade." Nós temos, na realidade, distorcido isso para que signifique algo mais e isso ocasionou muitos problemas. A palavra *mansão* é uma tradução pobre. A Nova Versão Internacional utiliza a palavra *aposento.* Então, Jesus acrescenta, "Vou preparar-lhes lugar."

* Traduzido a fim de manter o sentido original. (N.T)

João 14:1–2 - Nova Versão Internacional
1 Não se turbe o coração de vocês. Creiam em Deus; creiam também em mim.
2 Na casa de meu Pai há muitos aposentos; se não fosse assim, eu lhes teria dito. Vou preparar-lhes lugar.

Ele usou a mesma palavra quando disse para Tiago e João que não iria lhes dar as posições que queriam, quando falou, "Esses lugares pertencem" (Mateus 20:23).

Pelas definições contemporâneas, *lugar* possui muitos significados, incluindo estes:

- *Mansão — propriedade*
- *Lugar de autoridade*
- *Posição de poder*
- *Lugar de influência*
- *Posição autorizada*
- *Lar — lugar natural (estado de ser)*
- *Posição de impacto*

Quando uma pessoa está fora de seu lugar — dom, posição, poder — a vida as atormenta. Estão insatisfeitas, bravas, amargas, confusas, frustradas e tristes. Elas deixam aqueles que as rodeiam tensos. Quando a pessoa não está no seu lugar, na sua mansão, seu lar, sua posição de autoridade, onde têm o seu dom pleno, está frustrada.

Mas quando a pessoa está em seu lugar, está na sua área de destino, então ela pode funcionar com seu potencial máximo. Seu lugar de liderança é como um parafuso encontrando seu lugar certo na porca. É como a última peça perdida de um quebra-cabeça encontrando seu lugar. Para mim, quando não estou falando às pessoas de liderança, escrevendo sobre ela ou pensando sobre ela, estou estressado. Este é o meu *lar.* Minha diversão na vida provém de estar em meu lugar de liderança. Irei pagar para isso. Deverei pagar para me permitir ser eu mesmo, quem eu sou. Não tenho estresse na minha vida, porque encontrei o meu lugar. É maravilhoso encontrar seu lugar. Deus tem um lugar para todo mundo.

Não É uma Competição

Eu quero convidá-lo a sair da "corrida de ratos," da competição. Afinal, se você vencer, você irá simplesmente ser "um grande rato." Pare de participar da competição. A única pessoa com que você deve competir na vida é com você mesmo. Pergunte-se, "Quão bem estou atuando em meu lugar de liderança?"

A bateria não compete com a vela de ignição, porque a bateria sabe que a vela de ignição nunca poderá ser a bateria e vice-versa. Elas estão colocadas no motor em seus lugares e exercem seu dom no motor sem competir uma contra a outra.

Ninguém entre as bilhões de pessoas na terra exatamente neste momento é um substituto seu. O Criador preparou um lugar para elas como preparou um para você. A liderança servil foi o único conceito de liderança que Jesus ensinou. Ele acreditava que cada ser humano possui um potencial de liderança. O motivo pelo qual você sofre de inveja é porque pensa que as pessoas podem tomar o seu lugar. O motivo por você desconfiar de todos é por estar com medo de que alguém pegue o seu lugar na vida. O motivo por você cobiçar os bens das pessoas é por acreditar que lhe pertencem. O motivo por você competir com outras pessoas por posições na vida é por acreditar que os lugares favoráveis e lucrativos são escassos.

A tendência das pessoas de eliminar a concorrência de outros do próprio grupo — tais como os pobres, as minorias raciais, mulheres, estagiários, colegas de trabalho — cada um deles tentando passar à frente do outro, dá origem à frase "animal encurralado." Se você compreende e adota a mentalidade de liderança servil, não há necessidade disso. Quando você entende a liderança como Jesus ensinou, você nunca terá inveja de novo. A inveja só acontece quando você acredita que alguém tem alguma coisa que lhe pertence. Se compreendo que você nunca poderá ter algo que me pertence e que eu nunca poderei ter o que lhe pertence, e o que me pertence pode encaixar somente em mim, então eu nunca mais irei invejá-lo.

Você pode estar seguro com seu dom e seu lugar no mundo. Qualquer sucesso que eu tenha nunca pode ter um efeito negativo sobre você. Da mesma forma, seu sucesso não pode ter um efeito negativo em mim. É minha oração que, enquanto você encontra seu lugar e explora a área de seu dom, você coloque de lado toda inveja. Toda sua competitividade, toda desconfiança e todo o medo de que as outras pessoas possam deixar você para trás. Quando você faz valer os seus direitos em seu lugar, seu dom, você nunca mais se perguntará se alguém poderá tomar o seu lugar. Saberá que se uma pessoa tentar se encaixar em seu lugar, o lugar irá destruí-la, porque o Criador não o preparou para ela.

Deus Preparou Seu Lugar

Tiago e João eram discípulos muito estimados de Jesus. Tiago, João e Pedro eram os "três grandes." Mas mesmo sendo seus estimados, não conseguiram ter os lugares que solicitaram (Mateus 20:20–23), porque a liderança é preparada por Deus, não por preferência. Você não pode dizer a Deus, "Eu prefiro estar lá." Por quê? Ele não o preparou para aquele lugar e não preparou aquele lugar para você. Ambos são preparados. Você pertence a "ele" e "ele" pertence a você. O lugar pertence a você e você pertence ao lugar.

Quando você se liga ao seu lugar, seu dom torna-se real — e você também. Quando você não está no seu lugar, você fica estressado e esgotado. O esgotamento é provavelmente um sinal de que você está no lugar errado. Se você tiver de lutar, você está fora do seu lugar. Se ele o cansa, você está fora do seu lugar. Seu lugar irá lhe dar energia, não exauri-lo.

A fôrma do seu lugar já foi predeterminada para encaixar na sua fôrma, de maneira que se alguém tentar se espremer para nele caber, a irritação irá exauri-lo. Isso irá esgotá-lo. Terá de lutar e brigar para ficar naquele lugar. Isso requer energia e sofrimento que ocasionarão esgotamento. Por quê? O lugar não se ajusta à pessoa.

Mateus 20:24
Quando os outros dez ouviram isso, ficaram indignados com os dois irmãos.

Quando você está fora do seu lugar, provoca a irritação de toda a organização.

Um ser humano fora do lugar é como um vírus. Infecta a organização inteira. Se não foi criado para ela, irá dividir a organização como um todo. Esta divisão é uma infecção. Um vírus é um corpo estranho. Não deve estar lá e pode fazer com que o corpo todo fique doente.

Às vezes, no trabalho, você pergunta, "Por que isto não está funcionando?" É porque as pessoas estão nos lugares errados. Elas irritam-no o dia inteiro. Estão sempre fofocando, zangadas, frustradas. Irritam umas as outras, porque não se encaixam na posição para a qual você as contratou. Estão em lugares preparados para uma outra pessoa.

Se você dirige uma organização, uma companhia ou uma casa e contrata pessoas ou coloca seus filhos e esposa em posições arbitrárias, baseadas em credenciais ou em favoritismo — "esta pessoa é formada," "aquela sempre foi especial para mim" — não de acordo com seus dons, você terá problemas. A pessoa no lugar errado causa grandes danos. A organização inteira pode se desestruturar. Podemos demiti-las ou reorganizar tudo.

Para saber os lugares certos das pessoas, devemos conhecer suas áreas de dom. Elas podem até não conhecê-las, mas os líderes reconhecem os dons dos outros. Um professor poderia descobrir que uma criança gaga que mal consegue completar uma frase pode cantar como um anjo e dirigir a produção de natal. O chefe que é um verdadeiro líder descobre que o garoto com tranças afro que trabalha na correspondência é um gênio projetando Web sites interativos e colocá-lo no lugar certo.

O Lugar Errado

A história da humanidade é cheia de histórias de pessoas que não estavam nos lugares apropriados. Uma das primeiras que me vem à mente é Adão. O caminho que Adão pegou foi a queda da humanidade, conforme relatado no texto bíblico por Moisés. Deus criou Adão para servir Eva. A queda do homem veio depois que Eva serviu Adão. Ela deu-lhe algo, quando ele deveria estar servindo-a. Ele tomou a fruta dela e o feitiço virou contra o feiticeiro.

Gênesis 3:17

E ao homem declarou: "Visto que você deu ouvidos à sua mulher e comeu do fruto da árvore da qual eu lhe ordenara que não comesse, maldita é a terra por tua causa; com sofrimento você se alimentará dela todos os dias da sua vida."

A segunda pessoa que não estava no lugar apropriado que me vem à mente é o sobrinho de Abrão, Ló. Deus colocou Ló para servir junto com Abrão. Todavia Ló decidiu que partiria sozinho e iria se separar de seu tio. Evidentemente, os resultados foram desastrosos e ele terminou em um ambiente onde não deveria estar. Foi destrutivo para ele e sua presença afetou a cidade de Sodoma inteira.

Gênesis 13:11–12

11 Ló escolheu todo o vale do Jordão e partiu em direção ao leste. Assim os dois se separaram. Abrão ficou na terra de Canaã, mas Ló mudou seu acampamento para um lugar próximo a Sodoma, entre as cidades do vale.

Jonas foi outra figura bíblica fora de seu lugar de liderança. Tinha recebido uma tarefa e decidiu ir em outra direção.

Jonas 1:3

Mas Jonas fugiu da presença do Senhor, dirigindo-se para Társis. Desceu à cidade de Jope, onde encontrou um navio que se destinava àquele porto. Depois de pagar a passagem, embarcou para Társis, para fugir do Senhor.

Ele afetou todos naquele navio (vide Jonas 1:5). Esta é a questão. Quando você está fora de posição, você afeta outras pessoas. Jonas também afetou a cidade inteira de Nínive, ele poderia, na realidade, ter ocasionado um desastre ou a destruição da cidade inteira por sua desobediência. Além disso, ele sofreu pessoalmente também. Tudo ao seu redor estava errado: uma cidade poderia ser destruída, um navio estava navegando em um mar tempestuoso e um peixe o engoliu. Este é um exemplo do tamanho do transtorno que estar fora da posição pode causar.

Para um exemplo mais recente, considere Hitler. Ele era um homem muito talentoso e dotado do dom da oratória, de um discurso persuasivo, sendo capaz de se comunicar de forma eficaz. Como sabemos, ele tornou-se obcecado com a destruição de um grupo de pessoas, em vez de se preocupar em melhorar uma nação e os resultados foram horrorosos. Hoje, quase odiamos mencionar seu nome. Ele estava fora de sua posição. Em sua posição certa ele poderia ter melhorado muito a Alemanha e não teria depreciado e destruído um grupo de pessoas. Não creio que o povo alemão quisesse matar seis milhões de judeus, mas Hitler levou-os nessa direção. Atualmente, muitos alemães estão envergonhados com o que ocorreu, mas a questão é, como permitiram aquilo? Como permitiram que alguém os liderasse na depreciação da vida humana e introduzisse uma ideologia para justificá-la?

Sempre que as pessoas são desvalorizadas, você está fora de lugar. A liderança servil trata de servir aos interesses das pessoas e atender às suas necessidades. Toda a humanidade torna-se importante para você.

Que Negócio!

Aqueles que conhecem seu lugar de liderança e compreendem seu dom são os mais felizes. Seu dom é divertido. Você gosta dele, pode trabalhar com ele o dia todo e, lembre-se, ainda é pago para isso.

Alguém perguntou a Tiger Woods, "Qual é o seu hobby?"

Ele disse, "Golfe."

O entrevistador perguntou, "Do que você gosta?"

"Golfe."

"Quando você está mais feliz?" Ele perguntou depois.

"Quando estou jogando golfe."

O golfe o faz feliz, ele parece feliz ao praticá-lo e as empresas pagam-lhe milhões porque os entusiastas do esporte gostam de assistir quando ele joga. Se você lhe perguntasse quem ele era, ele diria, "Cara, eu sou um golfista e dou minha vida por este esporte. Eu penso nele o tempo todo; eu bebo, cheiro e durmo golfe. Quando não estou fazendo nada, estou pensando nele." Ele pratica o esporte para as multidões. Enquanto Tiger Woods se diverte, nós sentimos prazer. Ele dá esse presente ao mundo.

A beleza de entregar seu dom é que sua prosperidade virá de algo que você gosta. Você gosta de ser você mesmo. Ninguém deveria perder este negócio. Este é o negócio perfeito.

É como um pássaro dizendo, "Eu sou um pássaro, eles me pagam para voar. Gosto de voar. Eles dizem que sou grande, porque posso voar. Sou a primeira criatura em quem eles pensam quando precisam saber a respeito de vôo. Você sabia que nós, pássaros, somos os líderes da área de vôo?"

Um pássaro obtém energia *do* vôo. É assim que um pássaro pode sair do Alasca e voar sem parar até o Brasil.

Algumas pessoas assistem aos meus seminários e perguntam, "Como ele pode ensinar por duas horas sem parar e ainda estar animado e disposto?" É porque eu estou no meu lugar. Você pode ouvir algumas pessoas falarem e após dez minutos deixar de ouvi-las, porque até elas mesmas parecem aborrecidas. Deveriam, provavelmente, estar fazendo alguma outra coisa.

A liderança é ter algo pelo qual todos virão até você. Farão fila por causa dele. Qualquer que seja o dom que você tenha, ele atrairá as pessoas — clientes, empregados, membros novos na igreja ou eleitores.

Este é o princípio fundamental da liderança servil.

"Você não sai procurando por ela," Jesus basicamente diz. "O Pai já a preparou."

Mateus 20:23

Jesus lhes disse: "Certamente vocês beberão do meu cálice; mas o assentar-se à minha direita ou à minha esquerda não cabe a mim conceder. Esses lugares pertencem àqueles para quem foram preparados por meu Pai."

Ele preparou um lugar. Sua liderança está no seu lugar — na área em que seu dom opera.

O Prazer É Meu

Quando você está em um lugar de liderança, trabalhar é alegria. Quando você encontra esse lugar, ir para o trabalho é alegria.

Drew Carey, um cômico americano muito popular, aceitou o trabalho para substituir Bob Barker, quando ele se aposentou após trinta e cinco anos como apresentador do show de televisão *O Preço Certo.* Alguém perguntou a Carey, "Você nunca pára de tentar ser engraçado?"

"Para mim, seria como perguntar, 'Você precisa tirar folga de ser feliz'" disse o comediante. "E eu espero que não precise fazer isso! Divertimento nunca é demais. As pessoas precisam entender que não problema nenhum em contar piadas e ser feliz."

Quando o repórter perguntou a Carey porque ele havia aceitado o emprego, ele respondeu, "Eu me dei conta que estaria dando prêmios o dia todo. Isso não é trabalho. Isso é prazer."

Ele disse ao *New York Times* que o fator mais importante era que esperava distribuir novos carros, refrigeradores ou férias para alguém que poderia realmente delas necessitar. Acrescentou que, fora do show, ele, com freqüência, dá gorjeias de pelo menos 100 dólares — mesmo por um hambúrguer ou uma coca-cola — e, às vezes, muito mais. "Eu só quero partilhar a riqueza," ele disse. "E fazer 'O Preço Certo,' é justamente o que eu faço todos os dias."

Ele está no seu lugar. Pode usar o seu dom em benefício dos outros.

De maneira semelhante, quando um entrevistador de televisão americano perguntou ao comediante D. L. Hughley se ele estaria interessado em liderança política, ele disse, "Eu conto piadas."

O dom de Hughley é a comédia também. Ele e Carey ganham seu dinheiro fazendo as pessoas rirem. Elas pagam para que eles as façam rir por alguns minutos. São líderes no domínio da comédia.

Nem o artigo sobre Carey sugeriu nem ele disse que convicções religiosas tinham algo a ver com sua motivação para dar. A idéia de usar seus dons em benefício dos outros transcende a religião. Ele funciona, não importa se a pessoa é um aluno e discípulo do rabino Jesus ou não.

R - E - S - P - E - I - T - O

Liderança não tem nada a ver com títulos também. Tem a ver com função. Eu o respeito por causa de seu dom, não por causa de seu título. Se você não tem título nenhum, logo que eu descobrir sua função e ela me valorizar, irei ampará-lo. Vou pagar-lhe para que você a dê para mim. Isso é o que o torna rico. A riqueza não provém de seu trabalho, provém de seu dom. Respeito é o resultado de seu dom. Não vem até você porque você o busca. O respeito é proveniente da manifestação de sua função, seu dom, seu lugar de liderança. Este é o motivo pelo qual sou chamado e a razão pela qual as pessoas que necessitam de seu dom o chamam. Quando você tem um problema dentário, quem você procura? Um dentista. Você o respeita, porque ele tem uma função. Você irá dirigir por vinte minutos para encontrá-lo, e, então, dar-lhe dinheiro também.

A mesma coisa é verdadeira com relação a tudo da vida. Sua especialidade torna-o valioso e todo mundo nasceu com uma especialidade.

Desrespeito é ignorar a função dos outros. E você? Já "tirou a argila"? Você está no lugar certo de liderança?

6

Quem Morreu e o Deixou no Comando? O Mandato de Domínio

PRINCÍPIO 2
UMA POSIÇÃO PREPARADA

"Quem irá liderar outros deve primeiramente tornar-se ele mesmo um seguidor."

Em um seminário recente que ministrei, uma mulher perguntou-me: "Eu gostaria de saber se você poderia esclarecer algo para mim. Você disse que todo mundo é um líder. Se todo mundo é um líder, mas não tem domínio sobre as pessoas, então, de quem eles são líderes?" "Você nasceu para dominar uma área de dom, não para dominar as pessoas," eu respondi. "Quando você domina sua área de dom, você atrai pessoas. Concentre-se no seu dom."

- Você foi criado para dominar, mas não para dominar pessoas.
- Você foi criado para dominar sua área de dom.
- Sua liderança é sua área de dom.

Os seres humanos, homens e mulheres, receberam o dom e a incumbência de dominar todas as coisas da terra, mas não a autoridade para dominar outros seres humanos.

Domínio significa governar, dirigir, controlar, administrar, liderar, ter autoridade sobre os peixes, pássaros, gado, animais rastejantes. Deus criou você e eu para exercitarmos liderança sobre a terra.

Gênesis 1:26
Então disse Deus, "Façamos o homem à nossa imagem, conforme a nossa semelhança. Domine ele sobre os peixes do mar, sobre as aves no céu, sobre os grandes animais de toda a terra e sobre todos os pequenos animais que se movem rente ao chão."

Você é a Realeza

As Antigas Escrituras descrevem as origens da liderança. Se eu fosse resumir a Bíblia em uma declaração, seria esta: elas falam a respeito de um *Rei,* seu *reino* e os *filhos do Rei.*

O início do primeiro livro de Moisés declara que "no princípio" o Rei criou o universo físico. "No princípio, Deus criou os céus e a terra" (*Gênesis 1:1*).

O propósito original do Criador do mundo era estender Seu reino celeste para a terra. Sua idéia era transferir Sua influência de seu reino invisível para um reino visível que Ele criou. Seu projeto para transferir esta influência foi através da liderança de Seus filhos.

Quando eu estava crescendo, as Bahamas faziam parte das colônias da Inglaterra sob uma monarquia constitucional. A rainha e sua família eram realezas. As pessoas das Bahamas eram súditos. No reino do Criador, todos os cidadãos são membros da família real.

O primeiro livro de Moisés especifica o propósito da criação da humanidade. Deus declara seu propósito de tornar os seres humanos, homens e mulheres, em Sua própria imagem e semelhança para governar os peixes, os pássaros, os animais, as criaturas rastejantes — em resumo, toda a terra.

Gênesis 1:26 — 27
26 Então disse Deus, "Façamos o homem à nossa imagem, conforme a nossa semelhança. Domine ele sobre os peixes do mar, sobre as aves no céu, sobre os grandes animais de toda a terra e sobre todos os pequenos animais que se movem rente ao chão."
27 Criou Deus o homem à sua imagem, à imagem de Deus o criou; homem e mulher os criou.

A palavra *homem* neste texto bíblico é plural. Inclui tanto os homens quanto as mulheres. Além disso, o Rei não estava criando apenas duas pessoas, mas uma espécie inteira. "À Sua imagem" refere-se à natureza e caráter da humanidade. A espécie inteira chamada *homem* incorpora a imagem e semelhança do Criador, o Rei, com Suas características, qualidades, substância e essência.

Em seu poema "A Criação," James Weldon Johnson, um dos grandes escritores da Renascença do Harlem, coloca desta forma:

Este Deus Grandioso,
Como uma mãe que se curva sobre seu bebê
Ajoelhado na terra empoeirada
Moldou um pedaço de argila
Formou-a à Sua própria imagem;
Deu-lhe um sopro de vida,
E o homem tornou-se um ser vivente. [1]

O Todo Poderoso criou os seres humanos para serem reis. O Rei criou a humanidade à sua imagem e semelhança para que o homem e a mulher pudessem governar. O primeiro livro de Moisés enfatiza essa autoridade soberana e o direito legal de governar. O Criador disse ao primeiro homem e mulher que se multiplicassem e "dominassem" sobre as coisas da terra:

Gênesis 1:28
Deus os abençoou, e lhes disse, "Sejam férteis e multipliquem-se! Encham e subjuguem a terra! Dominem sobre os peixes do mar, sobre as aves do céu e sobre todos os animais que se movem pela terra."

Na Versão King James da Bíblia, a palavra hebraica para "governar" — *radah* — é traduzida como "ter domínio." O Criador fez o homem, as espécies à Sua própria natureza e seu próprio caráter de forma que os seres humanos pudessem governar, ter domínio ou "reinar" sobre a terra. No entanto, a primeira coisa que o Criador e Rei deu à humanidade foi um reino para cuidar. Eu defino *reino* como "a autoridade governante de um rei sobre um território, que o impacta com sua vontade, propósito e intenção." Ele criou a terra para ser um reino no qual a descendência do Rei iria governar com Sua autoridade, e os filhos iriam impactá-la com sua vontade, propósito e intento.

O salmista escreveu, *"Os mais altos céus pertencem ao Senhor, mas a terra ele a confiou ao homem" (Salmo 115:16).* O céu é o principal território ou domínio do Criador. Ele quis que Seus filhos tivessem um papel ativo no Seu governo, de forma que criou um domínio para eles. Nos reinos humanos nós sabemos que o herdeiro de um trono não pode se tornar o monarca até que o rei ou a rainha morram. Para o Príncipe Charles ser rei enquanto a Rainha Elizabeth estiver viva, ele teria de governar um território estrangeiro. O Príncipe Charles torna-se rei da Inglaterra somente se a Rainha Elizabeth não estiver mais viva. Da mesma forma, o herdeiro do chefe do estado no Japão torna-se imperador somente quando o imperador morre.

Todavia, o Criador de todas as coisas é eterno. Ele não morrerá, de forma que não haverá sucessão ao trono de Deus. Em virtude de carinhosamente desejar que Seus filhos compartilhem de Seu governo, Ele criou um novo reino — o mundo visível e físico da terra — para dar à humanidade um território para supervisionar, sob o governo supremo do Rei. O Criador é o Rei dos reis; somos Sua descendência na terra.

A humanidade possui a autoridade para governar os cinco principais reinos da terra: o reino dos peixes, o reino dos pássaros, o reino animal (gado), o reino vegetal e o reino réptil (criaturas que se movem pela terra). Observe que o Criador deu aos seres humanos domínio sobre a terra e sobre os animais, mas não de uns sobre os outros. Deus não criou nenhum ser humano para ser dominado por outro. A ordem de Deus para a humanidade era uma ordem corporativa: "Deixe-os ter domínio" (Versão King James).

Estabelecendo Domínio

O Criador queria que nós fôssemos os governadores de nosso ambiente físico. É assim que podemos resumir o termo *mandato de domínio.* Aqui está como este conceito se relaciona com liderança servil:

- O reino de Deus é aquele em que os reis servis servem através de seus dons.
- Deus criou você para ministrar ou para entregar seus dons ao mundo, cumprindo Seu propósito na terra.
- Jesus ensinou que a liderança e a grandeza são provenientes da entrega de seu dom de forma eficiente ao mundo.
- Os líderes servis medem a verdadeira liderança por quantas pessoas servem, não por quantas pessoas os servem.
- Você sempre terá o que precisa se ajudar outras pessoas a conseguirem o que precisam.
- Você governa em seu domínio sempre que oferece seu dom aos outros.
- Você supre o mundo com seu dom e seu dom abrirá espaço para você no mundo.

Como este mandato de domínio traduz sua liderança servil hoje? Para cumprir o mandato, em primeiro lugar, você tem de descobrir seu domínio particular na terra que você deve governar.

Como descendente do Rei, espera-se que você use seu dom para influenciar o ambiente ao seu redor, seu reino de liderança. A liderança trata da manifestação de seu dom. O Rei Salomão disse que seu dom abre espaço para você no mundo e o traz à presença dos grandes.

Provérbios 18:16:
O presente abre o caminho para aquele que o entrega e o conduz à presença dos grandes.

Quando descobri esta verdade, tudo mudou em minha vida, porque fiquei livre do controle de outras pessoas e tornei me livre para servir ao mundo. Salomão não disse que sua escolaridade ou conexões abririam caminho para você. Algumas pessoas podem ter PhD, podem ter pais famosos ou ganhar na loteria e ainda estarem falidas.

Outros podem começar com pouco ou nada e criar uma fortuna. Bill Gates largou a faculdade para iniciar um empreendimento que, afinal, tornou-se a Microsoft. Por quê? Ele descobriu seu dom. Steve Jobs, co-fundador da Apple Computers, largou a faculdade depois de apenas um semestre. Por quê? Ele descobriu seu dom. Eles descobriram dons que podiam entregar ao mundo. Desenvolveram produtos que o mundo precisava e tornaram-se ricos e famosos. Seus dons os levaram diante de reis e rainhas.

Por favor, entenda que sou a favor da instrução, mas a instrução não pode *dar* a você seu dom, pode apenas ajudá-lo a *refiná-lo e desenvolvê-lo,* tornando-o mais hábil para executá-lo. A escola, em si, não o torna bem-sucedido. Seu dom o torna um sucesso. Seu dom abre caminho para você e o levará diante de reis.

O Plano Mestre

Você ainda pode estar pensando, “Se todo mundo nasceu para liderar, então, quem vai seguir?”

Nós vemos um conceito de liderança coletiva humana em todos os textos bíblicos, não apenas no primeiro livro de Moisés. O propósito e plano original do Criador era um reino de reis governando a terra. Era uma "realeza corporativa." Seu propósito não era uma organização *com* um líder, mas uma organização *de* líderes.

Em Êxodo, o segundo livro de Moisés, o Criador disse aos israelitas que sua nação seria um tesouro se eles O obedecessem e guardassem Sua aliança.

Disse que a terra inteira pertencia a Ele, mas que eles seriam "*um reino de sacerdotes e uma nação santa.*"

Êxodo 19:5–6

5 "Agora, se me obedecerem fielmente e guardarem a minha aliança, vocês serão o meu tesouro pessoal dentre todas as nações. Embora toda a terra seja minha,

6 vocês serão para mim um reino de sacerdotes e uma nação santa. Estas são as palavras que você dirá aos israelitas."

Embora o Rei tenha dito estas palavras aos israelitas, eram para ser aplicadas a todos os povos da terra. Os israelitas deveriam ser um exemplo para o mundo do que acontece quando um povo segue o plano original do Criador.

Mais tarde, na história de Israel, o profeta Daniel recordou o plano contínuo do Criador de Sua descendência governar — que o povo teria soberania e Seu reino seria eterno.

Daniel 7:27

Então a soberania, o poder e a grandeza dos reinos que há debaixo de todo céu serão entregues nas mãos dos santos, o povo do Altíssimo. O reino dele será um reino eterno, e todos os governantes o adorarão e lhe obedecerão.

Este será um reino de governantes adorando e governando sob o Rei supremo.

As origens da humanidade sugerem cinco princípios para compreensão de sua "posição preparada."

1. **Todos ser humano foi criado para liderar e destinado ao domínio.** Você tem capacidade e habilidade para dominar na terra. Deus criou você para o "*domínio*." O domínio é a chave para a liderança servil. Deus disse, deixe-os ter o domínio, poder, governo, autoridade, controle e liderança sobre o mar, os pássaros no ar, o gado do campo e toda a terra e tudo que nela rasteja. *Ele disse "sobre o planeta inteiro."* (Gênesis 1:26... *sobre toda a terra*).
2. **Preso em cada seguidor há um líder escondido.** Todo mundo que pensa que é meramente um seguidor é realmente um líder preso em uma atitude mental de seguidor. Você não sabe quem é. Seus inimigos podem não conhecê-lo também, mas podem, subitamente, querer ser seus amigos quando você descobrir sua liderança. Eles não o conhecem, porque você não se conhece. Você está orgulhoso, porque recebe de seu empregador um pequeno salário e possui um pequeno título. Que tragédia. O que você vale para o mundo ninguém jamais poderia pagar. Estou convencido de que todo ser humano no mundo nasceu para resolver algum problema. Você leva consigo alguma coisa que sua geração necessita. Como você pode saber quem é você? Seu Criador irá mostrar-lhe. Ele já o conhece, ainda que você e outras pessoas, não.

3. **Todo ser humano possui potencial de liderança.** Todos estes princípios são progressivos. Uma vez que existe um líder preso dentro de cada seguidor, todo ser humano possui potencial de liderança — incluindo você. Na forma tradicional de pensar, toda vez que você pensa em liderança, pensa em determinadas pessoas da elite. "A liderança servil" diz que a liderança tem a ver com dons e todo mundo possui dons. O talento não é limitado a um número finito de pessoas.
4. **A liderança não é apenas sua história, mas também o seu destino.** O "mandato de domínio" não é uma idéia abstrata sobre as origens da humanidade. É tão verdadeira hoje quanto o era no princípio. É o que estávamos destinados a fazer. Todo ser humano tem um lugar para seu dom no universo da humanidade. Há um lugar para *seu* dom. Se você encontrar seu dom, encontrará seu lugar. Há um lugar para *seu* dom. Se você encontrar seu lugar, encontrará sua liderança.
5. **Ainda que todas as pessoas tenham nascido para liderar, cada uma deve tomar uma atitude para se tornar um líder.** Todo ser humano deve cultivar o espírito de liderança. Só porque você nasceu para ser um líder não significa que você irá se tornar um. Quando você descobrir seu lugar e dom e entregá-lo ao mundo, nascerá o líder dentro de você.

Uma Capacidade Inerente/Natural

Quando pensamos na palavra *liderança*, pensamos em pessoas importantes, pessoas dominando pessoas, controlando pessoas. A maioria das pessoas que diz que seus líderes são realmente controladores. Tentam controlar pessoas. De acordo com Deus, os seres humanos estão fora dos limites de controle.

O que Deus quis dizer quando falou que o homem deve dominar? Deus deu domínio à humanidade e qualquer que seja Sua ordem, Ele providenciará para que seja executada. Isso significa que qualquer coisa que Deus criou, projetou-a com a capacidade para fazer seu trabalho e servir ao seu propósito. Se Deus criou os pássaros para voar, então, ele projetou os pássaros com capacidade de vôo no seu interior. Qualquer coisa que Deus pede, ele providencia condições para que seja levada a efeito. Quando Deus disse: "Deixe-Me fazer uma criatura que terá domínio" — ou seja, liderança, governo, poder, controle, maestria — Ele se viu forçado a criar você de Seu próprio material. "Se quisermos que uma criatura que faça todas aquelas coisas, uma que possua o espírito de domínio e poder e autoridade e governo e maestria temos de criá-la desta forma."

Quando os projetistas de automóveis querem um modelo mais veloz e duradouro, que gaste menos combustível ou combinação de combustíveis, eles precisam projetá-lo para cumprir esse objetivo e construí-lo de acordo com certas especificações.

Os pássaros não se *tornam* voadores; eles *são* voadores. Nasceram com a capacidade. Eles apenas têm de esperar chegar a idade. Quando chega o tempo certo e suas asas estão fortes o bastante, a mãe irá fazê-los sair do ninho e eles saberão o que fazer. Da mesma forma, os peixes não se *tornam* nadadores; eles nasceram para nadar. A habilidade de boiar e manobrar na água está neles.

Os seres humanos não se tornam governadores ou líderes. Eles nasceram com a capacidade. Apenas esperam o momento propício. Cada propósito tem seu tempo. "Para tudo há uma ocasião certa; há um tempo certo para cada propósito debaixo do céu" (*Eclesiastes 3:1*).

Preso em você está agora um líder escondido. Você vive em uma armadilha estabelecida pelo seu ambiente, por suas condições, pelas opiniões das pessoas, por uma cultura, por todos os tipos de tradições, mas a liderança lhe é inerente.

"Ele Os Criou"

Deus criou os seres humanos, homens e mulheres. E ambos receberam a tarefa do domínio sobre peixes e pássaros, gado e coisas rastejantes. Deus comissionou ambos, homens e mulheres, igualmente, para serem governadores, líderes, administradores e controladores da terra.

Gênesis 1:27–28

27 Criou Deus o homem à sua imagem, à imagem de Deus o criou; homem e mulher os criou.

28 Deus os abençoou, e lhes disse, "Sejam férteis e multipliquem-se! Encham e subjuguem a terra! Dominem sobre os peixes do mar, sobre as aves do céu e sobre todos os animais que se movem pela terra."

Entretanto, vemos os homens tratando as mulheres de forma desigual, e até como animais na pior das hipóteses. A maior parte das culturas também têm oprimido as mulheres de alguma forma, dando-lhes funções inferiores. Os governos promulgam leis que as sobrecarregam. As igrejas têm se recusado a conferir-lhes posições de autoridade. As empresas as discriminam. As escolas também se recusam com freqüência a fornecer-lhes oportunidades ou educam-nas para serem subservientes. Até mesmo suas próprias famílias às vezes reprimem seus sonhos.

Estas coisas são o oposto do que a Bíblia ensina. A Palavra de Deus explica que Deus criou o homem e a mulher e deu-lhes domínio.

A palavra *homem* é o nome que Deus deu às Suas espécies. Na narrativa bíblica da linhagem de Adão, quando Deus criou o homem, diz que ele o fez à Sua semelhança. Diz que Ele criou homem e mulher, e, então, os abençoou e *os* chamou "homem."

Gênesis 5:1–2 - Versão King James
1 Este é o registro da descendência de Adão. Quando Deus criou o homem, à semelhança de Deus o fez;
2 homem e mulher os criou; ele os abençoou e os chamou Homem, quando foram criados.
(ênfase acrescentada)

"Homem" é o nome das espécies. Portanto, minha esposa é um "homem." No seu interior há um "homem"— um espírito que tem a mesma imagem que eu, o mesmo valor, as mesmas habilidades, o mesmo domínio.

1 Pedro 3:7
Do mesmo modo vocês, maridos, sejam sábios no convívio com suas mulheres e tratem-nas com honra, como parte mais frágil e co-herdeiras do dom da graça da vida, de forma que não sejam interrompidas as suas orações.

Deus os criou, homem e mulher, e os abençoou. Disse que ambos possuem domínio. Este é o propósito e o plano de Deus. Conseqüentemente, cada mulher é uma poderosa líder e cada homem é um poderoso líder também. Homens e mulheres são líderes com a mesma habilidade. Você não pode tratar uma mulher de forma inferior ao homem em valor. Deus abençoou ambos e lhes disse para terem domínio *juntos* sobre a terra.

Se um homem pode dominar uma mulher, isso sugere que ela não é a imagem de Deus. Deve ser um pássaro, ou um peixe ou um réptil. Não, Deus disse que Ele a fez à Sua imagem e deu-lhe domínio junto com seu parceiro. A Bíblia também diz que no Corpo de Cristo não há homem nem mulher.

Gálatas 3:28
"Não há judeu nem grego, escravo nem livre, homem nem mulher; pois todos são um em Cristo Jesus."

Cada um deve entregar ao reino seus dons e cada um é um líder. Não entendo o problema que algumas pessoas têm em compreender o papel da mulher. Em nossa igreja, minha esposa, Ruth, é co-pastora, um papel que muitas esposas de pastores possuem sem o reconhecimento formal. Raramente começo uma palestra sem declarar meu amor por ela. A apresentação de PowerPoint de minha palestra começa com uma foto dela e de nossos filhos, Charissa e Chairo junto comigo. Em nossa igreja, em nosso lar e em meu coração, Ruth tem domínio.

7

Manipulando para Obter Posição: Os Filhos de Zebedeu

PRINCÍPIO 3
REQUER UM PREÇO A SER PAGO

"Nunca viva por algo pelo qual um homem não está disposto a morrer."

Uma das maiores lições que aprendi na vida é nunca aspirar ou invejar a posição ou realização de uma outra pessoa até conhecer o preço que ela pagou para chegar lá. Todo sucesso verdadeiro exige um preço e todos os grandes líderes têm uma história! O preço da grandeza é a grandeza do preço.

Você já viu um carro novo, cintilante que você realmente gostaria de ter, mas percebeu que teria de se contentar com seu velho fusquinha, por não ter poder aquisitivo para comprar o novo?

A liderança também vem com um preço. Muitas pessoas aspiram-na, mas nem todas pagarão o preço para obtê-la. Se você o fizer, muitos desejarão tomar sua posição ou, pelo menos, ser o seu suplente no escritório, grupo ou meio, mas podem não conhecer nem estar dispostos a pagar o preço que você pagou. Se você for o presidente do banco, zagueiro de um time ou chefe de vendas, muitos farão fila para tomar o seu lugar, mas não têm conhecimento da luta que você teve e da depressão que suportou ao longo do caminho. Não sabem que você pode ter tido de vender seu carro ou dormir nele ou hipotecar sua casa para pagar o seu treinamento ou materiais. Não sabem o quanto lhe custou se formar nem quanto você ainda paga de empréstimos para custear os estudos. Ninguém sabe quantas horas teve de treinar e quantas injustiças sofreu. Nenhuma dessas pessoas que cobiça sua posição percebe por quantos meses você não ganhou comissão suficiente para alimentar sua família. Quem sabe da discriminação e desânimo que você sofreu como mulher para chegar lá? Algumas dessas pessoas sabem das dificuldades que você ocultou para evitar obstáculos ou pena?

Líderes não são conhecidos pelas medalhas em seu peito, mas pelas cicatrizes em suas costas.

As pessoas podem invejar Stephen Wynn, por exemplo, o criador de um cassino bilionário que é uma das pessoas mais ricas da América. Será que sabem que ele teve de assumir o negócio de bingo de sua família antes de se formar, quando seu pai morreu subitamente? Será que percebem que Wynn possui uma doença degenerativa nos olhos que limita gravemente sua visão? Será que ouviram nos noticiários que por causa de sua riqueza sua filha foi raptada? Será que gostariam de sofrer as coisas que ele passou para chegar onde está hoje? Muitas pessoas gostariam de ser líderes no mundo de jogos de azar e desfrutar de suas riquezas, mas não gostariam de ter suas aflições.

O Pedido de uma Mãe

A questão nunca é sobre a posição que você ocupa ou a que você aspira; é sobre o preço.

Você se lembra daqueles dois alunos da aula de treinamento de liderança de Jesus Cristo — Tiago e João, filhos de Zebedeu? Seu desejo de se tornarem líderes e atingir posições de influência e grandeza entre seus pares foi transmitido por sua mãe a seu Mestre e Professor, Jesus Cristo, nesta declaração:

"Declara que no teu Reino estes meus dois filhos se assentarão um à tua direita e o outro à tua esquerda... Olhe, quero que meus filhos sejam seus vice-presidentes" (*Mateus* 20:21).

Jesus respondeu mais ou menos assim: "Vocês não sabem o que estão pedindo. Em primeiro lugar: 'Podem beber do cálice que estou para beber?'" (*Vide Mateus 20:22)*

A palavra *cálice* aqui não é literal. Está na língua hebraica; é um símbolo de preço ou custo. Jesus usou esta palavra novamente no jardim Getsêmani:

Mateus 26:39

Indo um pouco mais adiante, prostrou-se com o rosto em terra e orou: "Meu Pai, se for possível, afasta de mim este cálice; contudo, não seja como eu quero, mas sim como tu queres."

Conforme a história em Mateus 20 se desenrola, a mãe dos filhos de Zebedeu vai até este grande mestre e filósofo Jesus Cristo, perguntando-lhe se seus dois filhos teriam posições preferenciais de liderança em sua organização. A questão é: por que ela foi até Ele? Pode ser que seus filhos tivessem lhe pedido. Os textos bíblicos não dizem se eles a enviaram, mas dizem que ela foi.

Mateus 20:20

Então, aproximou-se de Jesus a mãe dos filhos de Zebedeu com seus filhos e, prostrando-se, fez-lhe um pedido.

Pode ser que eles tivessem dito à sua mãe: "Você tem de falar com Jesus por nós e dizer-lhe que gostaria que seus dois filhos tivessem posições superiores quando for estabelecer o Seu reino."

Será que esta mulher está motivada pelo amor materno por seus filhos, cuidando deles, como sua mãe cuidaria de você? Ou seus filhos estão tão envergonhados ou dissimulados por desejarem levar vantagem sobre os outros dez, a ponto de se esconderem atrás de sua mãe? Ou estão querendo manipular o Mestre, pensando, "Ah, Ele vai ouvir uma mulher mais do que nos ouviria. Ah, teremos sérios problemas, porque os outros ficarão bravos. Se ficarem bravos, diremos, 'Não fomos nós que pedimos. Foi nossa mãe.'"

Pode ser que seu marido tivesse lhe dito para fazer o pedido a Jesus a favor de seus filhos. Talvez ela tivesse feito o pedido por conta própria. Os pais desejam grandeza para seus filhos. A esposa de Zebedeu queria que seus filhos fossem grandes. Os pais desejam que seus filhos sejam grandes, ainda que não tenham poder aquisitivo para ajudá-los. Fazem qualquer coisa para levar seus filhos à grandeza — implicar com o professor se sentem que seu filho está atrasado, pressionar o técnico para colocá-lo em um jogo, gastar as economias de suas vidas na sua educação. Este é o motivo pelo qual as pessoas nos países pobres arriscam tanto para imigrar para nações mais ricas, ainda que tenham de fazê-lo ilegalmente, expondo-se ao perigo.

A maioria dos pais hoje em dia admitiria, "Isso é verdade, quero que meus filhos sejam grandes. Quero que meus filhos tenham sucesso."

Jesus está dizendo, "Seus filhos podem ter sucesso. E você não precisa colocá-los em uma universidade de altíssimo nível acadêmico para que sejam bem-sucedidos. Eles precisam descobrir seu dom."

Então, aqui estava uma mãe típica que queria que seus filhos fossem grandes. "Quero que meus dois filhos — quando Você estiver no poder, quando estabelecer seu domínio — quero que um esteja à sua esquerda e o outro à sua direita. Faça uma proposta para meus rapazes. Esqueça-se dos outros dez. Deixe que seus pais cuidem deles. Cuide dos meus filhos."

O desejo de grandeza é normal. O caminho comum que as pessoas tentam para alcançá-la é manipulando o sistema. Os filhos de Zebedeu, Tiago e João, estavam tentando manipular o sistema, "mexendo seus pauzinhos" para garantir que haveria lugar para eles quando Jesus estivesse no comando.

Esta é a experiência humana normal, mas Jesus diz a verdade sobre ela.

Jesus respondeu-lhe de uma forma interessante. Foi compassivo para com ela. Muito compassivo. Sua resposta foi, "Você sabe o que está me pedindo?" Sua pergunta é capciosa. Poderia ter múltiplos significados:

1. Você não sabe o que está dizendo.
2. O que você está pedindo não é justo para com os outros.
3. O que você está pedindo, eu realmente não posso lhe dar.

Todos estes significados poderiam ser uma parte da resposta, mas a terceira é muito provavelmente a principal.

A Bíblia diz que Ele se voltou para seus filhos, sugerindo que estavam atrás ou ao lado dele, permitindo que sua mãe tivesse a conversa e perguntou, "Vocês podem beber do cálice que eu bebo?"

Mateus 20:23

Jesus lhes disse:"Certamente vocês beberão do meu cálice; mas o assentar-se à minha direita ou à minha esquerda não me cabe a conceder. Esses lugares pertencem àqueles para quem foram preparados por meu Pai."

Essa é a expressão — custo e sacrifício.

Sua resposta para eles foi, "Em primeiro lugar, o que vocês estão pedindo — vocês não entendem que não conseguem desse jeito. O caminho que estão tentando pegar não é o caminho que deveriam tomar. Conheço pessoas que pegaram esse caminho. Compreendo o sistema. Posso aceitar o fato de que vocês estão tentando conseguir, mas isso não vai funcionar. Nunca funciona."

Continuando a explicar, para todos os efeitos Ele disse, "Primeiramente, vamos começar com a questão do preço. Não cheguei onde estou porque fui nomeado para estar aqui. Estou onde estou, porque paguei um preço."

Quando os outros dez ouviram o que Tiago e João pediram, Jesus teve de lidar com a discórdia entre sua própria equipe. Eles estavam bravos, discutindo sobre a grandeza. Estavam tentando conseguir uma posição favorável por meio da manipulação — tentando pegar o lugar de outras pessoas. Sua resposta? Basicamente, quem quisesse ser grande deveria ser servo, escravo mesmo (*Vide Mateus 20:27).*

Na explicação a seus companheiros, Ele não usou a palavra grega relativa à *servidão, diakonos.* Usou a palavra que significa "entregar-se." A palavra em grego é *doulos,* que quer dizer "escravo, servo voluntário."

Preparado para a Grandeza

A liderança requer preparo e o preparo é parte do preço. Você tem de se preparar para o que está preparado para você. Se olhar os líderes na história, eles tiveram de passar por um processo para conseguir grandeza. Abraham Lincoln, Martin Luther King Jr. e Mahatma Gandhi nasceram para a grandeza, mas cada um deles teve de pagar um preço. Como os príncipes e princesas que irão crescer na casa do rei e herdarão o reino, eles tiveram de ser treinados para liderança. Em última análise, todos eles pagaram com suas vidas; todos foram assassinados por suas respectivas causas.

Donald Trump, o magnata de imóveis de Nova York, possui filhos que sem dúvida herdariam muito dinheiro mesmo se nunca tivessem estudado ou trabalhado um dia sequer em suas vidas, mas, como ele, eles foram para excelentes escolas de negócios. Estão trabalhando seu caminho em sua operação para se prepararem para a grandeza, exatamente como ele trabalhou no negócio de imóveis de seu pai. Seu programa de televisão *O Aprendiz*, é muito famoso nos Estados Unidos, talvez porque as pessoas sejam fascinadas com a preparação para a grandeza. O ganhador de cada temporada paga o preço com tempo, suor e lágrimas.

Da mesma forma, quando os filhos dos editores de jornais como o *Washington Post* ou o *New York Times* assumem seus lugares, o leitor comum pensa, "Evidentemente, eles o deram à sua própria família." O que ele não vê é que freqüentemente estes herdeiros trabalharam no jornal — ou em outro jornal, de propriedade de outra pessoa — todos os dias durante anos, talvez décadas, pagando pelo sacrifício do aprendizado, aprendendo como funciona a empresa, desde a entrega de jornais, reportagens de notícias até a colocação dos anúncios publicitários. Eles pagaram um preço.

Para conseguir conquistar seu lugar de liderança, você também precisa se preparar e pagar um preço, como Jesus ensinou. E a você também vai custar. Mas relaxe: e prepare-se para pagar o preço. Ninguém o fará por você. Deus não estabelece o preço; é estabelecido pelo seu meio. Quando você não descobre o que nasceu para fazer, as pessoas podem gostar de você, porque você está exatamente como elas — perdido. No entanto, quando descobre quem realmente é e decide ir em frente, tudo poderá acontecer. Mesmo em sua própria casa, seus inimigos podem se levantar. Quando você encontra seu verdadeiro eu, os outros podem odiá-lo, porque agora não podem mais fazer com que você seja quem eles querem. Quando você descobre o seu eu real, eles não podem mais manipulá-lo.

As pessoas odeiam quando não podem controlá-lo. Os amigos viram-se contra você. Sua família pode voltar-se contra você. A empresa poderá decidir, "Este não é exatamente o seu lugar. Vamos ter de demiti-lo." Você pode até ser expulso da igreja ou do seu apartamento.

Você pode sempre dizer quando está chegando perto de seu lugar de liderança, porque as pessoas, de repente, começam a dizer, "Quem ele pensa que é?"

Deixe-me assegurá-lo, porém, que vale a pena pagar o preço. Você vai encontrar aquele lugar, e vai libertar pessoas.

Quando Você Faz a Pergunta Errada

Jesus estava preocupado com o fato de seus alunos de liderança almejarem a grandeza pelo mesmo processo ensinado em sua cultura e na cultura dos romanos, que é de onde provém nossa filosofia de liderança.

Ele estava corrigindo isso, quando começou a dizer, "Se você quer ser grande, tem de fazer a pergunta certa." A pergunta que a mãe de Tiago e João deveria ter feito é, "Qual é o preço para sentar à sua esquerda e à sua direita? Qual é o preço? O que eles teriam de fazer para conquistar isso, Senhor?"

Como você se recorda, ela pediu que seus filhos tivessem lugares superiores na empresa — "no seu reino." Um reino é a influência do governo de um rei sobre um território. É um governo, não uma religião.

Imagine a conversa:

A mãe: "Olhe, eu quero que meus filhos sejam seus vice-presidentes."

Jesus: "Você não sabe o que está pedindo. Em primeiro lugar, vocês podem beber do cálice que eu vou beber? Vocês podem realmente fazer estes sacrifícios para serem líderes?"

Tiago e João: "Ah, claro, Jesus! Podemos! Podemos!"

Jesus: "Certamente vocês beberão do meu cálice, mas eu não posso fazer nada por vocês. Esses empregos não são da minha alçada."

É impressionante quão rapidamente podemos responder quando o poder está em jogo. Quando Jesus usou a palavra *cálice* novamente no jardim Getsêmani, ele estava orando e lutando com o preço que tinha de pagar pela humanidade (vide *Mateus 26:39*). Aqui, Tiago e João estão pedindo posições de liderança e poder. Ele liga a posição ao cálice. Ele diz, "Toda posição tem um preço." Isso significa que você não pede posições. Pergunta errada. Você pergunta, "Qual é o preço para sentar lá?"

A pergunta nunca é sobre a posição; é sobre o preço.

"Quanto custa, Dr. Monroe, estar na televisão em todo o mundo?"

Sente-se por dois dias para que eu lhe conte, porque esse é o tempo que levará para lhe transmitir o que tive de passar. Depois da primeira hora, você dirá, "Esqueça estar na TV em todo o mundo. Vou voltar a dirigir o meu fusquinha."

É fácil criticar Oral Roberts — evangelista, curador e fundador da universidade que freqüentei. Fácil! Você não conhece o cálice.

Títulos não fazem líderes, cálices fazem líderes.

Para Tiago e João, Jesus disse, "Vocês podem beber do cálice?" E Ele estava pensando. "Eles querem estar no Meu nível."

Ele disse. "Ah, vocês querem estar no Meu nível? Então, terão de beber do cálice. Terão de pagar o mesmo preço que eu paguei para estar aqui."

Eles disseram, "Podemos."

Agora, observe a resposta: "Vocês certamente beberão" — observe esta palavra — "do Meu cálice."

Ele não disse, "Vocês beberão meu cálice."

Seu cálice é a crucificação. Se você estudar a história, verificará que Tiago e João tiveram mortes horríveis. A Escritura diz que Tiago foi executado com uma espada e a tradição afirma que João foi exilado e posteriormente fervido em óleo quente.

Atos 12:1–2

Nessa ocasião, o rei Herodes prendeu alguns que pertenciam à igreja, com a intenção de maltratá-los, e mandou matar à espada Tiago, irmão de João.

Mesmo com Risco de Morte

Seu cálice seria Sua vida. Ele pede o mesmo de nós. Não necessariamente que morramos, se bem que podem haver coisas na sua vida pelas quais vale a pena morrer, mas Ele quer que entreguemos ao mundo nossos dons e que estejamos preparados para pagar o preço. Líderes como Abraham Lincoln e Martin Luther King Jr., em última análise, realmente pagaram com suas vidas, assim como muitos cristãos da igreja primitiva.

No dia antes de sua morte, Martin Luther King Jr. falou sobre o cálice. Mencionou um ataque prévio à sua vida, quando uma mulher louca o esfaqueou, e ele ficou admirado com tudo que tinha sido capaz de realizar desde que sofreu essa ameaça. Falou sobre as ameaças contra sua vida que ainda estavam no ar naquele dia e alguns cuidados que foram tomados. Mesmo assim, optou por aparecer em Memphis e fazer um vibrante discurso no dia 3 de abril de 1968, preparado para uma marcha pela liberdade no dia seguinte. Perto da conclusão daquele discurso, ele disse, "E alguns começaram a fazer ameaças ou a falar de ameaças feitas. O que aconteceria comigo, vindo de alguns irmãos brancos mentalmente perturbados? Bem, eu não sei o que irá acontecer agora. Temos algumas dificuldades à frente. Mas isso não me importa agora. Porque eu cheguei ao topo. E não me importo. Como qualquer pessoa, desejo uma vida longa. A longevidade tem seu lugar. Mas não estou preocupado com isso agora. *Quero apenas fazer a vontade de Deus...*".

O restante do discurso final, sobre ver a Terra Prometida, é mais conhecido, mas o ponto principal é que ele falou de cumprir o seu dom e, como Jesus, entregar sua vida para a salvação de muitos.

Gandhi, o modelo do protesto não violento que o Rei usou de forma muito eficiente, também falou do cálice. "Há muitas causas pelas quais estou pronto a morrer, mas nenhuma pela qual esteja pronto a matar." Ele estava ciente do preço.[1]

Talvez seu cálice seja meramente concluir a graduação para ensinar em uma faculdade na cidade, exercer medicina no Appalachia ou lutar contra a AIDS na África. Pode ser que para isso seja necessário desistir de um alto salário para entrar no mistério ou para cuidar de um pai moribundo. Talvez seja simplesmente levantar uma hora mais cedo para dar carona a alguém ou levar refeições a uma pessoa doente.

O Preço para Servir

Indo direto ao ponto, Jesus disse: "Mas o assentar-se à minha direita ou à minha esquerda não cabe a mim conceder. Esses lugares pertencem àqueles para quem foram preparados por meu Pai" (Vide *Mateus 20:23*).

Jesus diz, "Olhe, essa oração eu nunca poderei responder."

Você não pode orar por posições de liderança no reino de Deus.

Esta é uma oração que Jesus nunca responderá. "Você é sincero, está orando e está falando sério," Ele diz, "mas não posso responder a esta oração. Esta oração não faz parte do negócio. Você não ora por posições de liderança."

Então, você ora para ser um diretor. Deus diz, "Não, não ore por isso."

Você ora para ser um pastor; "Não, não ore para ser um pastor. Não, não, não, eu não posso responder a isso."

Você ora para ser um diácono. "Não, não, não, não ore para ser um diácono. Não, não ore por isso."

"Eu quero ser um líder." Ele diz, "Não, não ore para ser isto! Cale a boca!"

"Olhe, eu não posso responder a estas orações, diz Ele. "Esses lugares eu não posso conceder. Há um lugar no reino de Deus que está destinado somente a você. É um lugar de liderança e ninguém pode tomá-lo. Podem até orar por ele. Estes lugares já são de uma outra pessoa que o Pai já escolheu. Eu nem sequer entro nesse negócio. Meu Pai predeterminou seu lugar."

Quando os dez ouviram o que se passou com Tiago, João e sua mãe, ficaram bravos, mas não porque eles queriam passar na frente deles. Estavam zangados porque não pensaram em pedir antes. É o que chamamos de manipular para obter posição.

Jesus decidiu ministrar um seminário de liderança lá naquela hora. Ele chamou todos, e o seminário foi assim: "Venham, venham. Vocês conhecem os líderes deste mundo," disse Jesus. "Eles gostam de dominar as pessoas. Controlá-las. Gostam de oprimi-las. Exercem autoridade sobre elas. Mas não será assim com vocês," Disse. "Ao contrário, quem quiser se tornar grande entre vocês deve ser seu servo. Quem quiser ser o primeiro deve ser escravo."

Mateus 20:25–27
25 Jesus os chamou e disse:"Vocês sabem que os governantes das nações as dominam, e as pessoas importantes exercem poder sobre elas.
26 Não será assim entre vocês. Ao contrário, quem quiser tornar-se importante entre vocês deverá ser servo,
27 e quem quiser ser o primeiro deverá ser escravo."

Em seguida, Ele disse: "Olhem para mim. O Filho do Homem não veio para ser servido, mas para servir e dar a Sua vida em resgate por muitos."

Mateus 20:28
"Como o Filho do homem, que não veio para ser servido, mas para servir e dar a sua vida em resgate por muitos."

Uma outra palavra que a Bíblia usa para servo é *leitourgos,* que quer dizer um servidor público, ministro, ou servo. Isso significaria cumprir com sua obrigação ou cargo sem receber remuneração. É possível até mesmo pagar para servir. Isso se aplica mais a alguns políticos, pastores ou líderes de negócios. Significa que você usa seu dom para servir a um país, uma congregação ou uma companhia, arcando com os custos. O conceito geral de liderança servil é que você a realiza não para seu ganho pessoal, mas porque o seu dom é uma extensão de si mesmo.

A verdadeira liderança sempre exige um preço.

Jesus entregou Seus dons tão bem que Ele não pode ser apagado da história. É assim que as pessoas vivem para sempre no contexto da memória humana. Se você serve bem, a história irá tratá-lo bem. Se sua motivação é sempre proteger o valor humano, em vez de destruí-lo, a história irá sempre se lembrar bem de você.

Qual é o Preço?

A liderança exige um alto preço. Com freqüência, quanto mais bem-sucedido é o líder, maior é o preço. Alguns dos custos que você deveria considerar enquanto avançamos são estes:

1. **Auto-sacrifício.** Um líder, sem dúvida, terá de ceder tempo e coisas de muita estima, assim como terá de renunciar a prazeres, recompensas ou vícios.
2. **Rejeição.** Um líder descobrirá que muitas pessoas podem não aceitá-lo como pessoa, amigo e aquele que toma as decisões.
3. **Crítica.** Um líder enfrentará avaliações e críticas, porque as pessoas, com freqüência, ressentem-se contra aqueles que avançam ou desafiam seu pensamento.
4. **Solidão.** Um líder que ousa ficar sozinho ou que aceita um papel especial descobrirá que a solidão faz parte do negócio.
5. **Pressão.** Um líder ficará tentado a usar sua posição para ganho pessoal, será constantemente solicitado a fazer isto ou aquilo e, ocasionalmente, ficará cheio de insegurança.
6. **Cansaço.** Um líder experimentará exaustão mental, física e espiritual como resultado do servir e dar mais de seu tempo, energia e alma em benefício dos outros.
7. **Relacionamentos.** Um líder pode ver sua família, amigos e colegas sofrerem, em função de sua ligação com ele, e aqueles que lhe são próximos terão de compartilhar seu amor com outros, assim como os sofrimentos.

De acordo com a narrativa bíblica da última reunião de liderança (Mateus 26:23-25), neste último encontro, durante o jantar, Jesus previu com exatidão que um de seus associados iria entregá-lo a Seus inimigos, e que um outro juraria três vezes antes da noite terminar que nunca o conhecera.

Quando nosso Líder foi orar por Seu "cálice," os membros da diretoria caíram no sono, não uma, mas três vezes, embora Ele precisasse que eles vigiassem cerca de uma hora por causa do perigo.

Mateus 26: 20–21, 44–45
20 Ao anoitecer, Jesus estava reclinado à mesa com os Doze;
21 E, enquanto estavam comendo, ele disse: "Digo-lhes que certamente um de vocês me trairá."
44 Então os deixou novamente e orou pela terceira vez, dizendo as mesmas palavras.
45 Depois voltou aos discípulos e lhes disse: "Vocês ainda dormem e descansam? Chegou a hora! Eis que o Filho do Homem está sendo entregue nas mãos dos pecadores.

Eles falharam até mesmo em pequenos sacrifícios, como todos nós fazemos. Mais tarde, muitos deles foram capazes de se redimir e se tornaram grandes líderes, pregando e espalhando os ensinamentos de Jesus. Sacrificando-se muito, viajaram bastante para formar pequenos grupos de crentes a fim de continuar o trabalho e divulgar os ensinamentos de seu líder. Alguns até mesmo morreram pela causa.

Se você deseja liderar e aceitar o chamado de entregar o seu dom, agora é hora de calcular o que você está preparado para pagar. Fazer um diário ou anotações, enquanto você continua a ler este livro irá ajudá-lo a avaliar o custo.

Simplesmente pergunte-se:
Qual é o sacrifício que estou preparado para fazer?
Qual é o preço que eu pagaria para ser um líder?
Quanto é que estas posições me custam, Jesus?

8

É Grego para Mim: Jogue Fora as Idéias Antigas

PRINCÍPIO 4
INERENTE / NATURAL

"Assim como uma árvore está escondida em uma semente, da mesma forma seu futuro como líder não está à sua frente, mas em seu interior."

Nossa filosofia contemporânea de liderança tem origem nos pensadores gregos. Nossas escolas ensinam estas filosofias nos cursos de gerência, liderança ou psicologia durante todos os anos do curso.

Este é o motivo pelo qual as escolas lêem Platão, Aristóteles e outros filósofos clássicos.

Elas têm de incutir essas idéias na sua cabeça para que quando formado, você se comporte como um bom seguidor ou um líder natural (este é também o motivo pelo qual fazemos testes de QI, para separar os perdedores dos líderes).

Quando eu estava na escola, os professores enviados para nos ensinar na colônia das Bahamas haviam praticamente me descartado, alegando que eu apresentava incapacidade para aprender. Fui considerado retardado. Meus professores me disseram, "Você nunca aprenderá." Eu estava recebendo notas zero e sendo reprovado. Era comum para nós, nativos bahamianos, sermos tratados desta forma, por isso nos rebelávamos.

Lendo a Bíblia, todavia, descobri que meu potencial de liderança era natural. Comecei a obter notas dez. Aquela escola na qual eu estava recebendo notas zero, e que me rotulou de "meio-macaco," agora possui meus livros em sua biblioteca.

Quando eu tinha 15 anos, comecei a falar publicamente e a compartilhar minhas convicções acerca dos valores dos seres humanos. Lendo as Escrituras, aprendi a reconhecer meu próprio valor. Compreendo que todo ser humano é igual em valor diante de Deus e na família da humanidade e merece ser tratado de forma igual. Esta descoberta provém do meu encontro com o estilo de liderança de Jesus Cristo e é o fundamento de minha vida inteira até hoje.

Descobrir meu valor diante de Deus e da família humana, conforme revelado na Bíblia, permitiu-me resolver problemas que eram resultado de uma vida sob a opressão dos poderes coloniais nas Bahamas. Isso aconteceu, por exemplo, com meus problemas relativos ao racismo. Quando comecei meu ministério em 1980 com um pequeno estudo bíblico, não queria me tornar pastor. Tinha um desejo de compartilhar minhas idéias sobre o valor humano. Esta idéia atraía pessoas para o meu ministério, possibilitando que ele crescesse e tocasse pessoas em todo o mundo.

Dádiva dos Deuses

Os gregos e romanos, levados pelos grandes filósofos como Platão, Aristóteles e Sócrates, acreditaram que a liderança era produto de um dom natural, características de nascimento, divina providência. Os gregos foram os primeiros a formalizar as teorias de liderança. Quando os romanos os invadiram, o império incorporou as filosofias gregas à sua liderança e estrutura de governo. Os romanos tornaram-se o império mais bem-sucedido da história, governando da África até Londres, Inglaterra e Escócia por mais de duzentos anos, usando a filosofia grega como seu sistema de liderança. Quando o Império Romano finalmente desintegrou-se, suas filosofias continuaram a existir enquanto a Europa florescia. Enquanto os europeus exploravam o mundo ocidental e expandiam seus impérios, a filosofia romana dominava e ainda o faz nos dias de hoje.

Por toda a história, essa idéia de uma elite baseada em traços divinos justificou muitas atrocidades: escravidão, segregação de negros, o Holocausto, a segregação e discriminação racial na África do Sul, sexismo e outras manifestações de domínio do pensamento das pessoas por serem inferiores ou desprovidas de características divinas. Esta filosofia afirma que os líderes nasceram com determinadas vantagens naturais. Diz que os líderes são dotados pelos deuses de certa singularidade que os torna diferentes do restante de nós.

Este pensamento está simplesmente errado, obsoleto e não está de acordo com o modelo de liderança servil de Cristo. Todavia, o conceito existe em nossos seminários. Existe em nossas universidades, em nossas escolas de negócios e em nossos cursos de ciências políticas. Existia no sistema colonial sob o qual eu cresci.

Para nos tornarmos líderes ou para reconhecermos líderes, devemos rejeitar a antiga maneira de pensar e aceitar que todos nós temos um potencial inerente e natural de liderança.

Sentado em sua cadeira, lendo isto neste momento, está um dos mais incríveis líderes do mundo e eu provarei que você vai fazer a diferença em sua geração.

Os gregos acreditam que a liderança é o produto de uma personalidade carismática – carisma. Ouvimos esta palavra com freqüência, certo? Sua origem é grega, denotando "dom" ou "dádiva" e isso pode ser traduzido como "uma dádiva de graça," um dom que envolve graça, referindo-se à capacidade e direito ao poder.

Os gregos usavam a palavra para se referir ao seu conceito de liderança que tinha a ver com ser capacitado pelos deuses, referindo-se à posição e vantagem exclusivas que esta dádiva dá a um indivíduo sobre os outros. Diziam: "Veja, se os deuses lhe deram determinados dons, então, você nasceu para ser o líder das massas." *Carisma,* diziam eles, significa que você tem características de personalidade especiais que o tornam diferente — por exemplo, ser extrovertido, uma pessoa que está sempre à frente, alguém que é sempre notável, ativo e articulado. "Ah, aquele nasceu para ser o líder! Aquele quietinho? Ah, não, não, não. Introvertido? Ah, não, não, não. Este é um escravo. Mas este? Possui uma boa aparência, fala bem e tem um grande sorriso — este é um líder!"

Estes são aspectos da personalidade e sua personalidade não tem nada a ver com sua habilidade de liderança. Jesus nunca disse, "Eu sou carismático."

Deus Escolhe o Imperfeito

Se você estudar a história e conhecer os verdadeiros líderes, verá que seus exemplos desafiam o pensamento tradicional acerca do líder carismático.

Deus freqüentemente usava pessoas que os outros rejeitariam, que não eram perfeitas, para fazer grandes coisas. Moisés era gago. Nele não havia nenhum carisma. Deus lhe disse, "Vou lhe explicar como funciona. Você está no comando de milhões de pessoas."

Ainda que pairem muitas dúvidas sobre o tipo de impedimento que afligia Moisés, provavelmente, tinha algo a ver com sua fala, porque ele se queixou a Deus.

Êxodo 4:10–12
10 Disse, porém, Moisés ao Senhor, "Ó, Senhor, nunca tive facilidade para falar, nem no passado nem agora que falaste a teu servo. Não consigo falar bem!"
11 Disse-lhe o Senhor: "Quem deu boca ao homem? Quem o fez surdo ou mudo? Quem lhe concede vista ou o torna cego? Não sou eu, o Senhor?
12 Agora, pois, vá; eu estarei com você, ensinando-lhe o que dizer.

O discurso chegou ao clímax quando Moisés sugeriu que Deus enviasse uma outra pessoa para fazer o trabalho. Deus disse algo como, "Estou bem ciente do que você pode ou não pode fazer. Na verdade, eu tenho algo a ver isso, pois Eu sou o Criador."

É importante lembrarmos que Deus não curou Moisés. Em vez disso, Ele lhe explicou porque *não* iria curar seu impedimento. Ele respondeu, "Agora mesmo seu irmão, Arão, está a caminho. Ele será sua boca. Se eu o curasse, Arão não teria um propósito na vida." Moisés sempre teve seu impedimento e Arão sempre teve emprego.

Êxodo 4:15–16:
15 Você falará com ele e lhe dirá o que ele deve dizer; eu estarei com vocês quando falarem, e lhes direi o que fazer.
16 Assim como Deus fala ao profeta, falará a seu irmão, e ele será o seu porta-voz diante do povo.

Tudo que lhe falta como ser humano é o propósito de uma outra pessoa. Se nós pudéssemos fazer todas as coisas, então, não precisaríamos de mais ninguém. O Criador não fez nada que não tenha valor. Cada planta precisa do sol, o peixe necessita da água e os seres humanos precisam de outros seres humanos. Cada um traz alguma para coisa para servir à humanidade. Por isso a liderança servil é tão importante, porque sempre o ajuda a reconhecer o valor das pessoas e também o protege contra a tendência de desprezá-las, ao fazer tudo sozinho.

Cada um é um líder. Essa verdade reflete o coração de Deus. A liderança é algo inerente/natural a todo ser humano.

Sob Nova Direção

Se alguém disser a você que recebeu uma ordem de Deus de que essa pessoa deveria ser responsável por governá-lo, cuidado. As pessoas pensam que porque possuem determinadas características, são melhores do que você.

Jesus disse que os gentios tentaram agir como senhores sobre as pessoas ou oprimi-las, humilhá-las e desprezá-las e, então, tentaram justificar suas ações pela providência. Isso existe ainda hoje. As pessoas pensam que a grandeza é resultado de *pedigree* — por serem de uma determinada classe ou terem algum tipo de trabalho, serem de determinada cor ou provenientes de determinado lugar. Jesus desafia isso. Sua filosofia destrói a idéia de que apenas uma elite de poucos pode ser grande. Vocês não serão como os romanos, disse Jesus, porque eles gostam de controlar uns aos outros, mas não será assim entre vocês. O maior entre vocês deverá ser servo de todos, o primeiro deverá ser o último e o líder deverá ser escravo (*Vide Mateus 20:25–27*).

Ele virou de cabeça para baixo o conceito de governar, porque a verdadeira liderança não é medida pelo número de pessoas que o servem, mas sim por quanta gente você serve.

Definindo Liderança

Entre os conceitos tradicionais de liderança encontram-se os seguintes:

Liderança é controlar e impor a vontade de uma pessoa sobre as outras. Ou assim o mundo ensina. Mas isso não é liderança, é só controle! É manipulação e ditadura. Os líderes atendem às necessidades dos outros e agem de acordo com a vontade de Deus e em benefício das pessoas. O maior líder de todos os tempos disse, "Se vocês me amam, obedecerão aos meus mandamentos (*João 14:15*). Se vocês o quê? Amam-no. Não se vocês têm medo Dele.

Liderança é gerência de pessoas. "Você tem de gerenciar aquelas pessoas. Você deve gerenciar aqueles membros. Você deveria gerenciar melhor aquele grupo." Isso é um absurdo. As pessoas são tão complexas que você não pode gerenciá-las. Elas podem fingir, mentir e fazê-lo pensar que está no comando, mas você não pode gerenciar o espírito humano. É o espírito mais imprevisível com o qual você pode lidar. Você pode gerenciar coisas como máquinas, equipamentos e recursos, mas não pode gerenciar pessoas. Deus nunca teve a intenção de que você o fizesse. Os líderes servis gerenciam coisas, mas ajudam as pessoas a se *desenvolverem*. Você não gerencia pessoas, mas ajuda no desenvolvimento delas.

O líder é superior ao seguidor. Se eu sou um líder, então, obviamente, sou superior. Se eu sou um gerente, então, obviamente, toda a equipe deve ter menos valor do que eu. Se eu sou o chefe, então, todas as outras pessoas são inferiores a mim. Por isso, assim que um companheiro seu é promovido, passa a tratá-lo de forma diferente. Ele simplesmente espera um título. Não fala mais com você. "Não posso mais almoçar com você. Tenho de almoçar com os outros supervisores. Não posso mais almoçar com você. Estou no restaurante executivo." Isso não é liderança servil. Os líderes servis valorizam os outros, respeitam sua função e reconhecem seus dons. O maior é o servo, escravo, o mais jovem e o último.

Os líderes são servidos pelos seus seguidores. A liderança é medida por quantas pessoas o servem. Eles dizem, "Sua igreja é grande? Quantas pessoas você tem na sua equipe? Quantos ajudantes você tem? Você tem só dois? Eu tenho dez." "Quantas pessoas me servem?" Isso está invertido. Eu deveria ser o servo. Servir meu dom a você.

Liderança é cultivar e manipular o medo das pessoas. Nós desenvolvemos a habilidade de manipular as emoções das pessoas. Quem souber fazer isso melhor e com mais habilidade é o líder. Portanto, se eu puder torná-lo amedrontado e usar esse medo contra você de forma que você se submeta a mim, eu sou um grande líder. A Bíblia diz, "O perfeito amor expulsa o medo (*1 João 4:18*).

Você não deve obedecer a um homem porque tem medo dele, isso é ditadura. Isso não é liderança.

A liderança é um produto da providência. Quando um homem acredita que é escravo por vontade de Deus, esse homem tem sérios problemas. Providência quer dizer que os deuses escolhem determinadas pessoas para liderar as outras, eles escolhem para servir. Os deuses fazem isso. O conceito de liderança divina é uma idéia grega. Os faraós do Egito faziam isso. Os romanos também. Os gregos ensinaram que "Deus me escolheu para oprimi-lo. Deus estabeleceu sua posição. Você é um escravo porque foi nomeado, escolhido pelos deuses para tanto. Eu sou um líder por nomeação."

Algumas Perguntas para o Diretor Executivo

Assim como esta filosofia grega permeou culturas inteiras, o pensamento acerca da liderança de uma empresa ou organização pode se alastrar por todo seu interior. Quando você está entrevistando um candidato a diretor executivo, o cargo mais alto da empresa, a pergunta que deveria fazer na sala de reunião deveria ser, "O que você pensa das pessoas? Como percebe o valor humano? Quão importantes as pessoas são para você?"

Estas perguntas são diferentes daquelas que geralmente fazemos aos diretores. Normalmente falamos sobre suas realizações e experiências. Pergunte ao ele, "Pode me dizer em apenas uma frase: 'Qual é a sua filosofia de liderança?'" A resposta poderá ser muito perigosa. A pessoa talvez não tenha uma filosofia; ou poderia ter uma, mas não ser capaz de expressá-la, o que é ainda mais perigoso.

Contratar o tipo de pessoa que lidera e desenvolve líderes obriga-nos a não fazer as perguntas certas.

Para garantir que a liderança servil se propague de cima para baixo na organização, a liderança servil necessita estar em cada nível de responsabilidade. Por exemplo, você tem um diretor que tem uma filosofia de liderança servil, mas um gerente que tem uma filosofia greco-romana. Esta organização estaria em conflito, porque o diretor acredita que as pessoas possuem dons e talentos, mas o gerente acredita que deve controlar pessoas.

Virando as Mesas

Se nós pudermos corrigir nossa liderança, poderemos corrigir o mundo. Devemos corrigir nossa liderança através da filosofia e ideologia certas; a mais eficiente, eficaz e viável ideologia é esta sobre a liderança servil de Jesus Cristo.

A solução que Jesus Cristo ofereceu para a opressão do governo imperial mais poderoso da época, o Império Romano, é a liderança servil. É impressionante que Jesus tenha nascido sob opressão. Nasceu como um membro de uma colônia do Império Romano. Nasceu como súdito de um poder imperial, mas Sua resposta para o problema foi a liderança servil. Ele usou o Império Romano como um exemplo do que acontece à sociedade quando o governo não serve as pessoas. Ele disse, "Mas não será assim entre vocês." Bons governos concentram-se em servir as pessoas, diz Jesus, em vez de serem servidos.

Eu sei que a liderança não é um produto de direito hereditário divino. Lembre-se de que eu era o número seis de uma família de onze crianças. Na parte mais pobre de minha minúscula ilha, vivíamos em uma casa de madeira com dois quartos — um para minha mãe e meu pai e o outro para minhas sete irmãs. Os meninos dormiam no chão do quarto que também servia como cozinha, sala de estar e sala de jantar. Nossa casa era erguida sobre quatro rochas para manter os ratos e baratas afastados. Na escola, meus professores me disseram que eu não poderia receber educação: "Você é retardado. Não consegue aprender." Eu sobrevivi, encontrei minha área de dom e reivindiquei meu lugar na liderança porque a liderança é inerente, natural. Está em todos nós. A liderança servil exige que nos conectemos com nosso dom e o entreguemos ao mundo.

9

Verifique as Reservas: Seu Nome Está na Lista

PRINCÍPIO 5
DEPÓSITO DIVINO

"A verdadeira liderança não é um produto de um curso de estudos, mas de um curso de autodescoberta"

Quando eu chegava a um hotel tarde da noite, após uma longa viagem, costumava me preocupar em não encontrar lugar. Hoje em dia, todavia, garanto meu apartamento fazendo a reserva com cartão de crédito. Meu número de reserva fica registrado. Assim, não somente encontro meu apartamento já preparado, como também descubro que ele é o melhor disponível, a suíte de luxo, o melhor que o hotel tem a oferecer. Freqüentemente fico surpreso ao descobrir que me foi reservada uma suíte pelo preço de um apartamento normal.

Quando uma reserva para minha chegada tardia está no computador, o hotel garante um lugar para mim. Quando as pessoas sem reservas tentam conseguir uma suíte antes de eu chegar lá, a recepcionista lhes diz: "Não posso dispor desses quartos. O gerente já os reservou para garantir chegadas tardias." O gerente freqüentemente reserva algumas das melhores suítes para este fim.

"Estes lugares pertencem àqueles para quem foram *preparados*," disse Jesus quando Seus auxiliares estavam travando uma batalha de poder. Você deve se recordar de Sua conversa com a família de Zebedeu, quando lhes disse que o privilégio de se sentarem à Sua direita ou esquerda não lhe cabia conceder.

Jesus disse basicamente, "Olhem, Deus já preparou esta posição e não pode dar a posição de uma pessoa a outra."

Mateus 20:23
Jesus lhes disse: "...O assentar-se à minha direita ou à minha esquerda não cabe a mim conceder. Esses lugares pertencem àqueles para quem foram preparados por meu Pai."

Foi efetuada uma reserva para seu lugar de liderança e o depósito foi pago. Um lugar foi garantido a você. Seu lugar de liderança já está reservado.

A liderança é um *depósito divino. Depósito* significa "foi posto ali na concepção." Todo ser humano foi concebido através de uma prerrogativa divina de entregar um dom de serviço à humanidade. É por decreto divino ou milagroso.

A providência colocou um dom pronto em cada pessoa, que não foi lhe dado por nenhum ser humano, porém, cada ser humano deveria dá-lo aos seus semelhantes. Todos neste planeta possuem um tesouro divino do qual o mundo necessita e cada um é responsável por entregá-lo ao mundo.

No plano de Deus, todo ser humano tem um lugar reservado. Cada um nasceu para atender a uma necessidade na criação. Este é seu lugar. Deus *preparou-o* para você. Ele tem um plano para encaixá-lo e criou você para se encaixar no plano. Com este objetivo, precisamos entender que...

- Tudo o que o Criador requisita, Ele dá condições de realizar.
- Tudo o que Criador exige, Ele supre.
- Para tudo que o Criador espera, Ele investe.
- Tudo o que Criador designa, Ele projeta.
- Tudo o que Criador evoca, Ele introduz.

Quando Deus projetou o ser humano para alguma coisa, Ele o criou com capacidade para tanto.

As pessoas pensam que precisam conquistar liderança a partir de associações — de quem você conhece — e de oportunidades que as pessoas lhe dão.

Jesus está dizendo, "Não, você está sendo preparado com antecedência pela providência divina."

Para um líder empresarial, Ele poderia explicar que todo ser humano carrega no seu interior um dom a ele inerente que lhe foi dado pelo Criador, quer ele o manifeste ou não. Um supervisor ou um gerente eficiente é aquele que tem a capacidade de ajudar a pessoa a descobrir este dom e manifestá-lo.

O Que Deus Tinha em Mente

A maioria dos líderes inseguros apresenta Deus como se fosse um mestre severo e um assassino, porque querem que você tenha medo de Deus. Esta não é a natureza de Deus. Jesus nos diz, "Ele é o seu Pai; seu Pai sabe do que você necessita. Portanto, não se preocupe com sua alimentação, roupas; apenas busque o Seu reino e Sua justiça em primeiro lugar e todas as coisas das quais você necessita lhe serão acrescentadas" (Vide Mateus 6:33).

Que magnífica maneira de apresentar a Deus. Ele é um Pai. Ele pagará sua hipoteca, tomará conta da anuidade escolar, estará com você quando estiver doente, cuidará de seus problemas no casamento e até encontrará uma boa esposa para você se casar. Ele é um bom Pai, não um assassino. Os líderes corruptos podem dizer, "Se você pecar, Ele o matará! Desobedeça-me e Ele o matará! Deus o punirá. Portanto, se você me desobedecer, como Seu representante, devo puni-lo ou matá-lo."

Os líderes servis não cultivam medo nem manipulação. Cada um de nós é um líder, e um grande líder desenvolve outros líderes.

A Bíblia nos diz que os homens e as mulheres podem fazer planos, mas, no fim, o propósito que Deus estabeleceu é o que prevalece (Provérbios 19:21).

Você pode ter muitos planos para sua vida, mas Ele já lhe deu um propósito. Já lhe designou para um propósito. Salomão foi um grande líder que entendeu isso. Ele diz, "*Os propósitos do coração do homem são águas profundas, mas quem tem discernimento os traz à tona*"(*Vide Provérbios 20:5*).

Se você é um líder empresarial ou o proprietário de um pequeno negócio, quando contrata alguém, essa pessoa vem trabalhar com um propósito ou dom situado no seu interior, que representa as suas águas profundas. A Palavra de Deus diz que o homem ou a pessoa de entendimento pode trazer isso à tona.

Este é um maravilhoso conceito. O trabalho da minha vida é ajudar as pessoas a extraírem o propósito de suas águas profundas. O propósito significa *intenção original*, o que elas nasceram para fazer. Todos nasceram para fazer alguma coisa. Uma pessoa com compreensão — um líder — extrai esse propósito das pessoas.

Deus tem um plano para você, e Ele já lhe deu o potencial para realizá-lo. Ele lhe deu o que você precisa para reivindicar seu lugar de liderança. Criou a capacidade dentro de você.

Ele tem altas expectativas a seu respeito, de forma que lhe deu recursos para colocá-las em prática. Ele o projetou para a liderança e estabeleceu um propósito para você. Em um momento, Cristo até perguntou aos discípulos, "Com que vocês estão se preocupando? Olhem para as flores. Deus tomou conta de cada detalhe. Se Ele tomou conta delas, fará o mesmo com vocês."

Lucas 12:25–28
25 Quem de vocês, por mais que se preocupe, pode acrescentar uma hora que seja à sua vida?
26 Visto que vocês não podem sequer fazer uma coisa tão pequena, por que se preocupar com o restante?
27 Observem como crescemos lírios. Eles não trabalham nem tecem. Contudo, eu lhes digo que nem Salomão, em todo o seu esplendor, vestiu-se como um deles.
28 Se Deus veste assim a erva do campo, que hoje existe e amanhã é lançada ao fogo, quanto mais vestirá vocês, homens de pequena fé!

Ele colocou *você* à disposição do mundo para cumprir uma missão. Ele lhe deu um dom e determinou um propósito. Não apenas isso, ele lhe deu as ferramentas para executar esse propósito e espera que você entregue o seu dom.

Deus já separou um espaço, um lugar para você servir seu dom ao mundo.

Um Tesouro Enterrado

Na vida, a maior tragédia não é a morte, é viver sem um propósito. Isso é pior do que a morte. É mais trágico estar vivo e não saber o motivo do que estar morto e não conhecer a vida. Se você tiver 40, 50, 60 anos de idade e não souber por que está vivendo e ainda não conheceu seu propósito, ou o motivo pelo qual veio a este planeta, saiba isto: você não nasceu apenas para viver. Você está aqui para executar uma tarefa neste planeta. Você nasceu para fazer diferença no mundo.

Cada habitante de nosso mundo carrega dentro de si uma semente de grandeza para entregar a este planeta. A grandeza está em todo mundo. Um bom supervisor revela a grandeza de cada funcionário.

A liderança está criando um ambiente que permite que as pessoas manifestem seus dons para o benefício comum. Este é um bom negócio e esta é uma grande liderança. Não obstante, muitas pessoas morrem sem manifestar esta semente de grandeza. Vão levar esse dom para o túmulo sem usá-lo. Serão enterradas com um tesouro inexplorado. O lugar mais rico na terra não são as minas de ouro da América do Sul nem as minas de diamantes da África do Sul. Não são os campos de petróleo do Irã, Iraque, Kuait nem as minas de prata da América Central. O lugar mais rico na terra é o cemitério. Contém os tesouros que as pessoas nunca entregaram à humanidade.

É o mais rico, porque enterrados nos cemitérios estão os livros que nunca foram escritos. No cemitério estão as músicas que ninguém teve a chance de escutar, as canções que nunca foram cantadas! O cemitério está cheio de revistas que nunca foram publicadas. Está cheio de negócios que nunca foram abertos. Que tragédia!

O cemitério está cheio de visões que nunca se tornaram realidade. O cemitério está cheio de poesia que ninguém vai escrever. Filmes que ninguém produziu. Ministérios que ninguém começou. Sonhos que nunca foram alcançados. Doações e bolsas de estudo para as quais ninguém se candidatou. O cemitério está cheio de idéias que nunca foram colocadas em prática, invenções que nunca foram produzidas em massa, campanhas que nunca foram executadas e sermões que nunca foram pregados.

Que lugar rico! Se eu pudesse explorar o cemitério, seria um homem rico.

Alguém que está lendo este livro pode ser um candidato a acrescentar riqueza ao cemitério. É você? Você pode estar chegando perto do túmulo sem ter entregado seu tesouro. Você ainda tem maratonas que não correu, cursos universitários nos quais ainda não se matriculou e peças que nunca encenou. Você continua prorrogando e adiando aquele sonho. Alguns de vocês planejaram tornar-se "alguma coisa" durante vinte ou trinta anos e ainda não conseguiram realizá-la. Vocês estão chegando mais perto do cemitério!

Se você canta as canções de outras pessoas, mas deseja ser um escritor/produtor de música, Deus diz: "É hora de escrever suas canções. Componha músicas. Produza seu CD. Cante para o Senhor uma nova canção. Seu tempo chegou." Se você compra pinturas artísticas de outras pessoas, mas seu sonho é pintar a sua, você precisa criar sua obra-prima. Exiba o que está no seu interior. Não permita que o cemitério leve o que está dentro de você. Entregue seus dons ao mundo antes de chegar lá.

Você Tem Potencial

O que nós chamamos de riqueza no cemitério? Potencial! O cemitério está cheio de potencial. Potencial é poder inexplorado, força não usada, capacidade inativa, sucesso não realizado. O potencial é quem você é quando todos ainda não sabem. Potencial é o que você pode fazer, mas ainda ninguém sabe. Potencial é até onde você poderia chegar na vida, mas ainda não foi. Potencial é quem você realmente é, mas ainda não foi revelado. Potencial é o que você poderia ser, mas ainda não é.

Deus está entediado com o que você já fez. Você já fez alguma coisa anteriormente. Deus não está mais entusiasmado com isso. O potencial é o que foi deixado no seu interior, Deus é um

Deus de potencial. Deus nunca fica impressionado com o que você já realizou. Deus está preocupado com o fato de você estar celebrando tanto o passado, que não tem um futuro.

Deus é potencial: *Omni* (todo) + *Potent* (poder, capacidade, força), Deus chama-Se de todo-potencial ou aquele que é Onipotente (Onipotente significa, "Eu sou todo-potencial)." Ainda que Deus tenha dado vida a duzentas galáxias, bilhões de estrelas, múltiplos planetas, vias lácteas, Ele ainda diz: "Você ainda não viu nada! Eu ainda sou todo-potencial. Ainda tenho coisas no meu interior. Eu sou onipotente."

Deus trabalha com o potencial.

Quando Deus revelou-se na Bíblia, apresentou Seu programa de potencial. Ele disse: "Cubra-se a terra de vegetação: plantas que dêem sementes e árvores cujos frutos produzam sementes de acordo com as suas espécies" (Gênesis 1:11).

Deus diz, "Eu coloquei uma semente no interior de todas as coisas." Este é um conceito magnífico. A última parte do versículo, parafraseando Hebreus, é: "Eu coloquei nas coisas o que elas precisam para se tornar aquilo para o qual se destinam. Coloquei na semente tudo que ela precisa para se tornar o que foi feita para ser. Vejam, a semente de todas as coisas está no interior delas."

Gênesis 1:12
A terra fez brotar a vegetação: plantas que dão sementes de acordo com as suas espécies, e árvores cujos frutos produzem sementes de acordo com suas espécies.

Você nasceu com a semente da grandeza em você.

Plantando uma Floresta

Você não tem mais tempo de se sentar e olhar para o seu passado. Deus está dizendo, "Pare! A semente de todas as coisas está no interior delas." Seu futuro não está à sua frente. O futuro está *em* você. O futuro de todas as coisas está dentro delas.

Se eu lhe der uma semente de maçã e lhe perguntar. "O que você vê em minha mão?" Você deveria responder. "Uma semente de maçã." Isso seria um fato, mas não a verdade total. A verdade é que tenho uma árvore na minha mão. Isto é, em minha mão está a semente de uma árvore. Em minha mão, eu tenho uma semente de maçã com uma árvore de maçã que possui a fruta maçã. Você vê uma semente, mas Deus diz, "É uma floresta!" Em minha mão está um pomar de maçãs, uma floresta de árvores de maçãs.

Deus esconde o futuro de todas as coisas dentro delas mesmas. Em cada árvore, Deus escondeu uma floresta, Em cada pássaro, Deus escondeu um bando de pássaros. Em cada peixe, há um cardume. Deus é surpreendente. Em cada menininho, Deus esconde um homem. Em cada menininha, Deus esconde uma grande mulher. Em todos eles juntos, uma geração, uma dinastia de gerações.

Você é uma semente na qual Ele colocou uma geração. O cemitério que tem sua floresta não entregará seu fruto. Os homens olham para os fatos, mas Deus olha para a verdade. Os homens olham para a parte externa da questão; Deus olha para o seu coração.

Quando Deus olha para as pessoas, Ele não vê o que você vê. Sua própria mãe não o conhece. Seu pai não o conhece. Eles não vêem o que Deus vê. Cristo perguntou à Sua mãe, "Você sabe quem sou eu? Eu estive em seu ventre por nove meses. Você não sabia?"

Lucas 2:49
"Por que vocês estavam me procurando? Não sabiam que eu devia estar na casa de meu Pai?"

Meu pai tem 83 anos de idade. Ele esteve em minha igreja não faz muito tempo e eu olhei para ele e o vi chorando. Eu estava pregando, e estava me perguntando o que estava errado com meu pai. "Quando lhe perguntei depois, ele disse, "Eu tenho onze filhos, e não sabia que *isto* estava na minha família." Ele viu o grande ministério que fizemos crescer a partir de uma semente.

Você não conhece nem mesmo seus próprios filhos. Somente Deus pode olhar para um assassino, um fugitivo, um homicida e ver grandeza neles. Moisés era um fugitivo que havia assassinado um soldado egípcio por bater em um hebreu, mas Deus olhou para este assassino e viu Gênesis, Êxodo, Levítico, Números e Deuteronômio. Ele viu uma multidão dentro deste homem na Bíblia. Da próxima vez que você for ler Êxodo, você estará lendo a obra de um assassino.

Êxodo 2: 11–15
11 Certo dia, sendo Moisés já adulto, foi ao lugar onde estavam seus irmãos hebreus e descobriu como era pesado o trabalho que realizavam. Viu também um dos egípcios espancar um dos hebreus.
12 Correu o olhar por todos os lados e, não vendo ninguém, matou o egípcio e o escondeu na areia.
13 No dia seguinte saiu e viu dois hebreus brigando. Então perguntou ao agressor: "Por que você está espancando o seu companheiro?
14 O homem respondeu: quem o nomeou líder e juiz sobre nós? Quer

matar-me como matou o egípcio? Moisés teve medo e pensou: "Com certeza tudo já foi descoberto!"
15 Quando o faraó soube disso, procurou matar Moisés, mas ele fugiu e foi morar na terra de Midiã. Ali assentou-se à beira de um poço.

As pessoas podem depreciá-lo, mas Deus conhece o seu interior. Somente Deus pode olhar para um pastor de ovelhas chamado Davi; para um pescador de nome Pedro; e para um perseguidor conhecido como Paulo, e usá-los para grandes coisas. Deus nunca dispensa as pessoas. Ele sabe o que está dentro de você. Você é uma floresta.

Disponível em Breve!

Seja lá o que você estiver fazendo em seu trabalho, não deixe que sua floresta seja destruída. Ela está no seu interior! A visão é quando a semente vê sua própria floresta. Aí é quando você tem grandes sonhos. Seus sonhos são reais. Não morra e seja enterrado com eles. Não morra sem realizar seus sonhos. Alguns de vocês estão pensando em se aposentar. Deus diz, "Do que você está falando? A palavra *aposentadoria* não está no meu Programa. Não é aceita." Deus diz. "Continue trabalhando. Ocupe-se e entregue seu dom."

Deus disse a Abrão aos 75 anos de idade, "Você ainda tem algo no seu interior. Este será o melhor ano de sua vida! Você ainda não viu nada!" O que você fez está bem, mas Deus está desapontado com as coisas das quais você tem se orgulhado. Deus diz, "Componha-se e ocupe-se. Não há tempo para você ficar cansado agora. Continue a oferecer seu dom."

Eu estava dirigindo na Flórida, quando vi uma propriedade suja, desordenada, cheia de terra, lama e arbustos por todos os lados. Na frente, alguém tinha colocado uma placa com a imagem de uma linda construção, que dizia, "Disponível em Breve!"

Lembrou-me de que você pode olhar para o que é a verdade agora mesmo, mas Deus planejou para sua vida uma imagem que já está terminada. Disponível em breve!

Tenha Sonhos Grandes

Nossos sonhos são internos. Você não tem de ensinar às crianças a sonhar. Eles vêm no pacote, mas os pais podem destruir o propósito se tentarem fazer com que as crianças compensem suas falhas. "Por que você quer estudar isso? Não se ganha dinheiro com isso," uma mãe pode dizer.

Se seus pais lhe falarem isso, diga-lhes que você deve estar envolvido nos negócios de seu Pai.

Se seu filho tiver uma paixão por música, compre um piano para ele. Se tiver uma paixão por pintura, compre alguns pincéis e tinta. Deixe os filhos seguirem suas paixões. Você segue a sua. Deixe-os em paz. Eles vieram com sua própria tarefa. Precisam estar no negócio do Pai.

A liderança está no seu interior.

As primeiras pessoas a matarem seu sonho geralmente são os pais. Eles gostam de dizer o que escolher para sua carreira. Gostam de lhe dizer, "Seja como seu irmão ou irmã e consiga um emprego de verdade. Por que você quer ser diferente? Qual é o seu problema? Por que simplesmente não consegue um emprego como seu irmão ou irmã? (E fique depressivo como eles!)"

Jesus disse que qualquer homem que quiser entrar no Seu Reino deve tornar-se novamente como uma pequena criança. Ele quer dizer, "Não me importa se você tem 50 anos. Quando for para o Meu reino, vou fazê-lo voltar à sua infância e ver seus sonhos novamente."

As crianças são mais sonhadoras do que os adultos. Ser um adulto é perigoso, porque paramos de sonhar e tudo que queremos é um salário.

As crianças acreditam que tudo é possível. Você pergunta a uma criança de 4 anos o que ela quer ser quando crescer, e ela diz: "Presidente!" Sua primeira resposta é, "Seja realista!" Você é que não está sendo realista. Você já parou de sonhar. A criança é realista. O Espírito Santo já lhe disse que ela quer ser o presidente. Se este for o propósito de Deus nela depositado, é isto o que ela deve almejar. A sua posição já está reservada. Não mate os sonhos de seus filhos!

Jesus diz, "A menos que você se torne uma criança pequena, não pode viver no meu reino" (Vide *Mateus 18:3*). Nunca cresça. Envelheça, mas nunca cresça.

Acredito que a obra redentora de Deus, conforme apresentada nas Escrituras, não é apenas a salvação e redenção de uma alma humana, mas o resgate do destino de uma floresta. Este é o motivo pelo qual Ele nos ama tanto, porque sabe o que colocou no nosso interior. A salvação significa a salvação da floresta. Ele não nos salvou para irmos para o céu; Ele nos salvou para que façamos as boas obras que colocou no nosso interior antes da fundação do mundo. "*Porque somos criação de Deus realizada em Cristo Jesus para fazermos boas obras; as quais Deus preparou para nós as praticarmos* (*Efésios 2:10*). Ainda há muito dentro de você.

Você precisa morrer como Jesus morreu — vazio. Na cruz, Ele disse: "Está consumado" (*Vide João 19:30*). É impressionante que Jesus nunca tenha dito, "Estou consumado;" Ele disse, "Está consumado."

Ele estava se referindo à tarefa. Tinha 33 anos de idade e disse que tinha terminado — terminou aos 33 anos de idade. O que você está fazendo? Podemos terminar aos 33? A resposta é sim, se você conhece a razão de ter nascido. A idade não importa. Sc você ainda está vivendo aos 99 anos, pode ter falhado em completar sua tarefa. Talvez não a tenha terminado. Talvez Deus esteja mantendo alguns de vocês vivos para que tenham mais tempo para descobrir por que nasceram.

Talvez devêssemos morrer como o apóstolo Paulo, que disse: "Terminei minha corrida. Guardei a fé. Estou sendo derramado como uma oferta da igreja."

2 Timóteo 4:6–8

6 Eu já estou sendo derramado como uma oferta de bebida. Está próximo o tempo de minha partida.

7 Combati o bom combate, terminei a corrida, guardei a fé.

8 Agora me está reservada a coroa da justiça, que o Senhor, justo Juiz, me dará naquele dia; e não somente a mim, mas também a todos os que amam a sua vinda.

"Não há mais nada dentro de mim," ele declara. "Servi tudo, e agora estou pronto para partir daqui."

Você pode morrer com alegria? Quais são seus sonhos? Desperte-os e tire seu dom de dentro de si. Entregue seu dom para o mundo agora.

2 Timóteo 1:6

Por essa razão, torno a lembrar-lhe que mantenha viva a chama do dom de Deus que está em você mediante a imposição de minhas mãos.

É só um Emprego

Deus nunca lhe disse para fazer qualquer coisa que já não esteja em você. Alguns de vocês odeiam as segundas-feiras, porque odeiam seus empregos. Não fomos criados para sermos empregados. Seu emprego é apenas temporário aos olhos de Deus. Seu emprego é o que lhe pagam para fazer. Seu trabalho é o que você nasceu para fazer. Nunca confunda seu emprego com seu trabalho.

Você nasceu para resolver um problema no mundo, e torna-se mais valioso com base no problema que resolve. O que você tem de fazer na vida é encontrar o problema que você está aqui para resolver. Encontrar seu lugar, seu local. Muitos de nós estamos tão ocupados com o sustento que não conhecemos o problema que estamos destinados a resolver.

Você se tornará rico baseado no problema que resolve, não no emprego que ocupa. Se quiser progredir em seu emprego, identifique os problemas no seu lugar de trabalho e ofereça-se para resolvê-los. Sua promoção virá. Sua empresa, igreja, escritório ou escola lhe paga para resolver problemas, não apenas para aparecer. Sua especialidade é resolver aquele tipo específico de problema.

Não trabalhe por dinheiro. Trabalhe por realização. A sociedade freqüentemente tenta mantê-lo afastado de seu dom, porque deseja que você substitua o seu dom por uma carreira.

Deus lhe deu um grande dom, mas o cemitério o levará se você não se ocupar dele agora.

Qual é o seu potencial? O que você levará para o túmulo se você não tornar seus sonhos realidade? Você já cumpriu o propósito que Deus colocou em você? Sua tarefa aqui está concluída? O Pai preparou um lugar de liderança para você e colocou no seu interior o dom que você precisa para garanti-lo.

Tome posse dele.

10

Não é Seu Para Ser Guardado: Compartilhando as Riquezas

PRINCÍPIO 6
NÃO É PARA VOCÊ, MAS PARA OS OUTROS

"O valor de toda criação está em sua contribuição aos demais."

Era um dia de inverno quando entrei no avião e fui para o meu lugar. Alguns minutos depois um homem de idade avançada ajudado por um jovem sentou-se ao meu lado. "Oi," eu disse, observando um tubo plástico que ia para uma máscara de plástico transparente até seu nariz. O jovem o ajudava a se sentar, passando-lhe um tanque cilíndrico, que ele segurava perto de seu peito, como se estivesse segurando sua própria vida. Com uma voz que parecia ofegar por vida ele respondeu, "Oi." Estava tentado a continuar a conversa, mas senti culpa por colocar pressão sobre a capacidade do homem empenhar-se em qualquer conversa longa. Subitamente, ele se voltou para mim com um sorriso sob a máscara de plástico e disse, "Creio que você deve estar se perguntando sobre esta geringonça aqui.

Bem, eu estou segurando minha vida nas mãos. Esta é a minha fonte de oxigênio e, sem ela, eu morreria."

Por um momento pensei que se tratava de uma resposta simples, mas, então, de repente, percebi as profundas implicações de suas palavras. É impressionante como podemos considerar o simples ato de respirar oxigênio como algo normal, sem perceber o quão vital ele é para sustentar a vida no planeta. Permaneci sentado, ponderando sobre suas palavras enquanto o avião levantava vôo em direção às nuvens, flutuando sobre o tapete de árvores e campos. Comecei a agradecer ao Criador, silenciosamente, pelas árvores verdes e por toda planta que nos provê o oxigênio que sustenta a vida. Neste momento de profundo agradecimento pela natureza, subitamente lembrei-me da verdade de que tudo na criação existe para o sustento de alguma outra coisa. As plantas necessitam do sol, nós precisamos do oxigênio das plantas, as plantas necessitam do dióxido de carbono que produzimos e o ciclo continua.

Este princípio também é verdadeiro com relação a todo ser humano; você foi criado para servir a um importante propósito no ciclo da humanidade e sua geração precisa de você. Seu dom é necessário para a humanidade. Você não existe para si mesmo, mas para os outros. A essência de se tornar um líder é descobrir o que recebeu para servir à sua geração. A liderança nunca é para o líder, mas para aqueles a quem serve.

Meus irmãos e eu crescemos em uma região que qualquer um nas Bahamas chamaria de pobre. No instante em que você diz o nome de nossa comunidade, Bain's Town, os habitantes locais a reconhecem imediatamente como uma região de baixa renda.

Não estávamos cientes, todavia, de quanto desfavorecidos nós éramos, porque todos ao nosso redor eram tão pobres quanto nós ou mais. Meus pais, especialmente minha mãe, que já faleceu, doavam-se constantemente às outras pessoas. Como modelos de liderança, minha mãe e meu pai tiveram grande influência em minha vida.

Sendo de uma família grande e tendo pais trabalhando, você pensaria que o enfoque de nossa família seria nossas próprias necessidades, mas todas as semanas crianças pequenas de nossa vizinhança estavam em nossa casa, alimentando-se. Pelo menos três vezes por ano, meus pais também traziam um grande grupo de pessoas idosas para o nosso quintal para alimentálas e diverti-las. Em um determinado dia, minha mãe assava dez fornadas de pão.

Você poderia achar que era para nós, mas ela dizia que queria dá-los como *garantia de nosso pão,* o que era estranho para nós. Esta era uma convicção que ela tinha, de que se você continuasse a dar para os outros, suas necessidades seriam supridas.

Estas foram experiências fundamentais que me ensinaram o princípio de que quando você atende às necessidades dos outros, suas necessidades serão sempre supridas.

O enfoque deve ser sempre as necessidades das outras pessoas, não suas próprias necessidades. Para mim, isso representou um resumo do que é liderança servil.

Por causa de sua caridade e compaixão, meus pais tornaram-se líderes na vizinhança, não porque buscassem liderar pessoas, mas porque buscavam servi-las. Nossa família ganhou o respeito da comunidade, não porque buscasse respeito, mas porque buscava o respeito e o valor de outras pessoas.

Hoje em dia, todos os meus irmãos estão vivendo esta experiência. Todos nós temos esta mesma opinião de que as necessidades das outras pessoas são mais importantes do que as nossas. Qualquer um dos meus irmãos e irmãs estaria disposto a dar qualquer coisa que tiver para ajudar outras pessoas, porque vimos o exemplo de nossos pais. A pessoa que exercitar a liderança servil irá influenciar outras pessoas a se tornarem líderes servis, quer sejam pais ou não.

O Maior Mandamento

Talvez fosse isso que Jesus quis dizer quando terminou Seu discurso aos seus discípulos, dizendo: "*Como o Filho do homem, que não veio para ser servido, mas para servir e dar a sua vida em resgate por muitos.* (Vide *Mateus 20:28*).

Ele usou a Si mesmo como modelo para inspirá-los a imitá-lo. Bons pais e mentores fazem o mesmo.

A liderança não é para você; é para os outros. Se você quiser liderar, deve servir. Se todos nós descobrirmos o dom que Deus nos deu e oferecê-lo ao mundo, poderíamos resolver todos os problemas da humanidade. Penso que foi isso que Jesus quis dizer quando falou que o maior mandamento na lei é amar a Deus e amar o seu próximo como a si mesmo, conforme reiterado em diversas passagens nos Evangelhos (Vide *Lucas 10 27:* "Ame o Senhor, o seu Deus, de todo o seu coração, de toda a sua alma, de todas as suas forças e de todo o seu entendimento e 'Ame o seu próximo como a si mesmo'").

Como você ama o seu próximo? Servindo a ele. Jesus resolve os problemas da humanidade com uma frase. Ele diz, "É isto; ame a Deus e ame seu próximo tanto quanto a si mesmo."

A liderança servil é a solução para o dilema humano. Se nossos líderes em todas as áreas de influência humana aplicassem os princípios de liderança servil, teriam impacto imediato no seu meio, sua sociedade. Se os líderes governamentais pegassem estes princípios e os aplicassem, o governo iria tornar-se o que deveria ser e faria o que deveria fazer: ou seja, servir as pessoas, não apenas preservar o governo. Se os líderes religiosos cultivassem os princípios, a religião não mais seria um mecanismo utilizado para separar as pessoas umas das outras ou dividi-las, ao contrário, iria uni-las para servirem à humanidade.

Corporações Servis

Até os homens de negócio podem ser líderes servis.

Se as corporações assumissem a liderança servil como seu modelo de negócios, quão diferente não seria o mundo?

Não faz muito tempo visitei Omaha, no estado de Nebraska, nos Estados Unidos, e meu anfitrião levou-me para ver a casa de Warren Buffet. Eu estava pensando, "Este é um dos homens mais ricos do mundo, mas onde ele mora é tão humilde!" Ele dirige um carro comum. Está envolvido em vários projetos humanitários e as pessoas o vêem dirigir pelas ruas como uma pessoa normal, sem motorista particular. Ele faz projetos para as crianças na região. Ainda vive onde cresceu em uma casa que comprou em 1958. A maioria das pessoas muda-se para um outro lugar, mas ele quer estar onde as pessoas estão. Admiro este tipo de liderança.

Ele percebe que todas as coisas que ganhou são para o benefício dos outros. Isso torna Warren Buffet um dos maiores exemplos de liderança servil dos tempos modernos. Ele está usando seus recursos para melhorar as vidas das outras pessoas.

De forma semelhante, eu realmente admiro Bill Gates, o presidente da Microsoft e co-fundador do Bill and Melinda Gates Foundation. Ele está mais preocupado em servir seu dom do que ser servido por sua organização. É um bom exemplo de liderança servil. Parece mais comprometido em seguir seu sonho intrínseco do que alcançar expectativas externas. É assim que a liderança servil começa, quando você se descobre e decide beneficiar sua geração. Seu serviço à humanidade torna-se quase um subproduto.

Companhias como a Microsoft continuam surgindo com novos produtos e a pergunta é: o que é um novo produto? Minha resposta é que cada novo produto é uma tentativa de servir a humanidade, um esforço para tornar o trabalho mais eficiente para a humanidade. O enfoque das firmas não deveria ser vender produtos, mas melhorar a vida dos clientes. Tanto a grandeza tanto a própria companhia são um subproduto disso.

Steve Jobs, o Presidente da Apple, é outro exemplo. Ele continua a usar seu dom para tornar as vidas das pessoas mais confortáveis, eficientes e eficazes, e sua filosofia fielmente dirige sua corporação. Como podemos melhorar a tecnologia do ser humano para tornar as vidas das pessoas mais fáceis?

Sempre que você servir a humanidade, o sucesso será um subproduto natural. Estas companhias podem parecer gigantes técnicos que são negligentes para com as preocupações sociais, mas seu objetivo é o serviço. Por exemplo, quando eu vi pela primeira vez Jobs inaugurar o iPhone, ele não disse: "Bem, minha organização está produzindo algo importante que sem dúvida deixará a Apple mais rica." Ao contrário, ele disse "Como podemos tornar isso mais fácil para você, como faremos para que se torne mais cômodo para você realizar isso, e como podemos produzir isso para que faça mais pela vida das pessoas? Aqui estão dez coisas que vou fazer para tornar sua vida melhor."

Suas campanhas enfatizam o que ele fez para o usuário, não o que ele fez pela Apple Company. Este é um bom exemplo para todos nós.

Evidentemente, logo assim que ele o lançou, muitos consumidores correram para obter o produto, mas seu interesse não estava somente em sua companhia, mas em servir. Ele usou seu tremendo dom tecnológico para melhorar vidas diariamente. A liderança servil trata de beneficiar os outros.

Jesus sempre mencionou o fato de que Ele era um *resgate* de muitos, não quão importante Ele era porque todos necessitavam do resgate. Ele não falou sobre o quão importante Ele era para o mundo, mas sobre o que Ele queria fazer pelo mundo.

Minhas próprias experiências, meu sucesso como autor e como ministro não são sobre mim. Se você ler meus livros anteriores, verá que não são sobre mim. São sobre tornar sua vida melhor.

Wal-Mart é um outro exemplo. Penso em Sam Walton, que fundou a cadeia de varejo em 1962, após iniciar as lojas americanas em Arkansas. Seu modelo de negócio era "Como eu consigo o máximo para o menor de meus clientes?" A Wal-Mart tornou-se a maior loja varejista do mundo e ele tornou-se o homem mais rico da América. Ele não desejava ser o maior tanto quanto desejava tornar-se o mais eficiente provedor de mercadorias baratas para as pessoas. Wal-Mart é um simples exemplo do líder servil como uma corporação.

Na vida religiosa, vejo grandes exemplos na vida de William Booth, que fundou uma missão em 1865, que veio a ser o Exército da Salvação. O que o moveu foi seu desejo de tirar o Cristianismo das mãos de aristocratas egocêntricos da Inglaterra e colocá-lo nas ruas, onde as pessoas pobres estavam. Queria prover e servir àquelas pessoas. Aqui está uma pessoa que transformou uma organização em uma liderança servil. E tudo começou com uma pessoa.

Quando organizações — igrejas e companhias — começam a se concentrar mais em si mesmas, esquecendo-se do cliente que querem servir, então começam a se extinguir. O fim de uma organização é quando a liderança atual torna-se mais egoísta e menos servil na comunidade.

O Mestre Demonstra a Liderança

Se todos se tornarem os líderes servis que estavam destinados a ser, como se pareceria o mundo terreno? Veja a aula do mestre Jesus sobre liderança servil, quando lavou os pés dos discípulos.

João 13: 5–9
5 Depois disso, derramou água numa bacia e começou a lavar os pés dos seus discípulos, enxugando-os com a toalha que estava em sua cintura.
6 Chegou-se a Simão Pedro, que lhe disse: "Senhor, vais lavar os meus pés?"
7 Respondeu Jesus: "Você não compreende agora o que estou lhe fazendo; mais tarde, porém, entenderá."
8 Disse Pedro: "Não, nunca lavarás os meus pés!"
Jesus respondeu: "Se eu não os lavar, você não terá parte comigo."
9 Respondeu Simão Pedro: "Então, Senhor, não apenas os meus pés, mas também as minhas mãos e a minha cabeça!"

Este é um modelo de como poderíamos erradicar a pobreza do nosso bairro ou do terceiro mundo. Poderia ser um chamado de Deus para um ministério direto de auxílio àqueles que sofrem de AIDS, àqueles que estão se drogando ou na prisão.

As palavras de Cristo para a mulher junto ao poço são uma lição a respeito da igualdade das mulheres, entre outras coisas. Sua mudança de alguém que tinha preconceitos contra Ele por ser judeu, para Relações Públicas de Jesus naquela cidade, é um modelo de como deveríamos superar o racismo, o sexismo e outros "ismos" que ainda persistem atualmente.

João 4:9
A mulher samaritana lhe perguntou: "Como o senhor, sendo judeu, pede a mim, uma samaritana, água para beber?" (Pois os judeus não se dão bem com os samaritanos).

A história também nos ensina a dar aos outros o que lhes é devido e cantar os seus louvores — não importa quão diferentes sejam de nós e independentemente do que pensamos sobre "aquelas pessoas."

João 4: 28–30

28 Então, deixando o cântaro, a mulher voltou à cidade e disse ao povo:

29 "Venham ver um homem que me disse tudo o que tenho feito. Será que ele não é o Cristo?"

30 Então saíram da cidade e foram para onde ele estava.

A lição de Cristo sobre os talentos (vide *Mateus 25:14–30*) poderia ser nosso alerta para o aquecimento global, a questão para a qual Al Gore, o antigo vice-presidente dos Estados Unidos, dedicou suas energias e pela qual ganhou o Prêmio Nobel. Este é um exemplo de como a liderança servil poderia ser aplicada ao mundo inteiro atualmente. Temos domínio sobre um rico planeta. Vamos deixá-lo melhor ou pior do que o encontramos? Será que maximizaremos o tesouro do Senhor?

Mateus 25: 14, 30

E também será como um homem que, ao sair de viagem, chamou seus servos e confiou-lhes os seus bens... E lancem fora o servo inútil, nas trevas, onde haverá choro e ranger de dentes.

Nosso domínio é sobre as coisas da terra, mas nossa liderança, nosso dom, é para o benefício dos outros.

Sem um Pastor

Uma das mais profundas - e ao mesmo tempo simples - avaliações sobre a condição da humanidade que eu já li foi feita pelo incomparável filósofo e professor do primeiro século, Jesus de Nazaré. Sua observação sobre o estado da humanidade, Sua avaliação de nossa condição e Sua solução é encontrada numa declaração. Mateus, um dos alunos e aprendizes de liderança de Jesus, escreveu: "Quando [Jesus] viu as multidões, teve compaixão deles, porque eles eram aflitos e desamparados como ovelhas sem pastor."

Esta avaliação aplica-se à condição da humanidade atualmente. Os mesmos desafios e frustrações persistem em cada geração. A palavra *aflitos* usada aqui significa "sob o controle ou influência involuntária de forças externas", ou seja, sem paz interior. Aflito significa ser uma vítima das circunstâncias para as quais não há nenhuma resistência. Pessoas aflitas estão presas a um ciclo de vida, lutando para obter o essencial: alimento, roupas e abrigo.

Nossa sociedade contemporânea não mudou muito. Até as pessoas economicamente privilegiadas nas nações mais industrializadas estão aflitas. Poderíamos ter ainda mais estresse enquanto executamos "multitarefas"simultâneas para acompanhar nossa cultura voltada para a informática: atendendo ao nosso celular BlackBerry, em vez de jantar com nossas famílias, verificando o correio de voz em casa, usando o celular na praia, onde supostamente deveríamos estar gozando as férias; utilizando nossos *laptops* no fim de semana para entrar no computador do escritório a fim de extrair mais trabalho no dia que deveria ser nosso descanso semanal.

Você se levanta cedo todas as manhãs, fica preso no trânsito para ir a um emprego que odeia e trabalhar doze horas ou mais. Isso é algo que você realmente não quer fazer e para o qual ganha um salário nada justo. Você mal pode esperar para sair do trabalho, só para ficar preso no trânsito novamente. Em casa, você encomenda um jantar prejudicial à saúde para comer em frente das notícias depressivas de crime e de sórdida política, e depois assiste a um "reality show" que não é real.

Finalmente, você toma pílulas para dormir para conseguir descansar um pouco. Com freqüência vai para a cama e deita-se de costas para sua esposa, porque não estão se falando ou está tão cansado que só falar já é um esforço. Seis horas depois, você acorda ainda grogue e começa tudo de novo. Passa o dia super excitado por causa um café caríssimo e cheio de cafeína.

Se tiver sorte, trabalhará todos os anos até 65 ou 70 anos, a menos que a companhia corte o número de funcionários ou mude-se para o exterior antes disso e mande-o embora, ou então, substitua-o por uma pessoa mais jovem sem nenhuma experiência, mas que concorda em trabalhar por um salário menor. Você espera ter um fundo de previdência, Seguro Social e Plano de Saúde no final de tudo.

Isso não é vida. Isso é aflição — uma das formas dela.

Nós temos profissionais que aparentam ser bem-sucedidos, felizes e realizados. Eles atraem salários de seis dígitos e dirigem o carro do ano. Para escapar de elementos indesejáveis, vivem em condomínios fechados ou em coberturas. Tiram férias dispendiosas. Ao mesmo tempo, as vidas de suas famílias estão destruídas, os filhos estão se drogando, ou eles estão evitando filhos. Os pais vivem uma vida secreta de depressão, medo, alcoolismo e tudo o que foi citado. Estão aflitos. Pobreza, fome, falta de moradia, falta de cuidados médicos e uma porção de outros males oprimem aqueles menos privilegiados.

Quando você está aflito, a vida está dando uma surra em você.

Jesus viu a vida surrando as massas. Quando Ele viu a condição das pessoas, teve compaixão. Sentiu-se tocado pelo que viu. Sentiu a dor delas. Desejou ajudá-las.

Uma Falha de Liderança

Ele viu a humanidade *desamparada* — desprovida de capacidade para gerar mudança. Desamparado significa que você vive sob circunstâncias que aprisionam sua esperança e sufocam sua vontade. Isso quer dizer que você não só tem problemas, mas também não pode fazer nada para resolvê-los. As multidões do primeiro século não podiam fazer nada para expulsar a ocupação dos romanos ou aliviar seus pesados impostos. Não podiam eliminar as doenças com um passe de mágica.

Jesus identificou a causa do problema central da humanidade: eles são "como ovelhas." Ele não diz eles *são* ovelhas, mas que são "como ovelhas sem pastor." Ele poderia ter dito, "Eles *estão sem liderança*. Estão em más condições, porque não têm líderes ou têm líderes imperfeitos."

É interessante notar que, neste caso, Jesus não disse que a causa de seu desamparo era o pecado ou o mal. Esta não foi uma descrição "religiosa." Ele disse que era a ausência de uma liderança eficiente e adequada.

Jesus Cristo fez esta observação há dois mil anos em uma cultura em que muitas pessoas mantinham posições poderosas de liderança — os mestres da lei, os sacerdotes, os fariseus, o Rei Herodes e o governador romano, César. Aquelas pessoas possuíam títulos, posições, autoridade, poder e dinheiro, mas Ele concluiu que a liderança real estava ausente. As idéias de filósofos como Platão, Sócrates e Aristóteles já existiam há setecentos anos naquela época. Ainda assim, Jesus disse, para todos os efeitos, "As pessoas não têm nenhum líder."

Os líderes daquela época — por nomeação ou por ausência — fracassaram em liderar o povo. Eles deixaram as pessoas em um estado de aflição e desamparo. A fonte dessa condição do povo era a ausência ou falta de uma verdadeira liderança ou abuso dela. Após identificar o problema, Jesus disse aos doze estagiários de liderança que havia muito trabalho a fazer, mas havia poucos trabalhadores à disposição e prontos para realizá-lo. Poucos estavam se dispondo a realizá-lo. Entre outras coisas, Ele estava dizendo aos seus alunos que eles precisavam ser os trabalhadores no campo da colheita — entre a humanidade aflita e desamparada que carecia de uma verdadeira liderança.

Mateus 9:35–38:
35 Jesus ia passando por todas as cidades e povoados, ensinando nas sinagogas, pregando as boas novas do Reino e curando todas as enfermidades e doenças.
36 Ao ver as multidões, teve compaixão delas, porque estavam aflitas e desamparadas, como ovelhas sem pastor.
37 Então disse aos seus discípulos: "A colheita é grande, mas os trabalhadores são poucos."
38 Peçam, pois, ao Senhor da colheita que envie trabalhadores para sua colheita.

Liderança é encontrar seu lugar de forma que você possa atender às necessidades do mundo com os dons que possui. Os alunos de Jesus não tinham títulos. Mesmo assim, foram incumbidos de liderar. As instruções de Jesus pressupõem que nós podemos mudar a condição humana se assumirmos a responsabilidade de quebrar as cadeias dos aflitos e fortalecer os desamparados. É um convite a todos, homens e mulheres, que queiram não apenas cuidar de seu sustento, mas também fazer a diferença no mundo.

Abuso de Poder

Jesus disse que você deve se entregar ao mundo, oferecer seu dom.

O dom da liderança com o qual você veio à terra servir não é para seu benefício, mas para o benefício dos outros. Você torna-se um grande líder quando oferece seu dom, não quando o prostitui, não quando o usa para destruir, oprimir e tirar vantagem das pessoas.

A liderança deve melhorar, ajudar, desenvolver e inspirar os outros, não destruir, humilhar ou corromper pessoas. Com certeza, a história está repleta de pessoas como Hitler, Mussolini e outros que encontraram seus dons, mas resolveram utilizá-los para sua própria ambição pessoal e não para melhorar a humanidade.

Um exemplo de uso impróprio de poder vem da admoestação de Jesus aos mesmos dois discípulos que procuravam se sentar à sua direita e esquerda. Estes dois, Tiago e João, foram os primeiros pretensos "terroristas religiosos" do Cristianismo. Eles foram os primeiros a quem Jesus teve de corrigir quando quiseram que Ele fizesse cair fogo do céu e queimasse aqueles que não seguiam seu sistema específico. "Eu não vim para destruir a vida das pessoas," Ele disse.

Lucas 9:54–56 - Versão King James
54 Ao verem isso, os discípulos Tiago e João perguntaram: "Senhor, queres que façamos cair fogo do céu para destruí-los, como Elias também fez?"
55 Mas Jesus, voltando-se, os repreendeu, dizendo: "Vocês não sabem de que espécie de espírito vocês são,
56 Pois o Filho do homem não veio para destruir a vida dos homens, mas para salvá-los;" e foram para outro povoado.

Jesus foi realmente o maior modelo de liderança, até mesmo quando estava lidando com pessoas que não acreditavam no que Ele cria. Sua filosofia era de que você não destrói pessoas. Ele disse, "Eu vim para salvá-las."

A verdadeira liderança salva a vida e a dignidade humana. Não importa o que aquele ser humano específico possa sentir, acreditar ou pensar de você, você nunca o destrói. Isso desafia a liderança servil. A liderança não é para seu benefício próprio. É para a melhora, progresso, desenvolvimento, proteção e aperfeiçoamento de outros seres humanos no processo de encontrar seus próprios dons para servir.

A religião que encoraja ou justifica a destruição de qualquer mente, corpo ou espírito humano não está de acordo com os ensinamentos e princípios de Jesus. Qualquer conjunto de princípios, seja religioso ou político, que não recupera a vida humana não é liderança servil.

A liderança servil trata de resgatar seres humanos, valorizá-los, respeitá-los e igualá-los. Não trata de superioridade. A maneira como algumas pessoas usam a religião tem mais a ver com *disputa* do que com *compaixão.* A política também freqüentemente tem mais a ver com autopromoção do que com a promoção de outras pessoas. Essas duas poderosas forças necessitam de uma forte dose de liderança servil, a fim de que possamos ver soluções no mundo.

Todos nós nos concentramos demasiadamente em assuntos irrelevantes e ignoramos os mais importantes. Jesus fez uma declaração de que se um cego guiasse outro cego, ambos cairiam num buraco (*Vide Lucas 6:39*). Ele estava definindo o valor de sua liderança. Estava dizendo que a liderança é tão valiosa, que seja quem for que estiver no comando levará todos a Ele, mesmo se for para um buraco.

Temos de nos certificar de fazer as perguntas certas aos nossos líderes: qual é a filosofia deles? Em que eles acreditam? O que estão fazendo que irá afetar nossos filhos e futuras gerações?

A liderança servil não é apenas pessoal, é social. É pública. É nacional. É internacional. É global.

A liderança servil é necessária para que o mundo se torne um lugar melhor, quer seja nosso mundo pessoal, quer seja a comunidade global. Liderança é para o benefício dos outros.

Quem irá liderar aqueles que estão aflitos e desamparados?

Como você pode usar seus dons a serviço do mundo?

11

Líderes São Formados, Não Nascem Prontos: A Autodescoberta é o Ingrediente Principal

PRINCÍPIO 7
TORNANDO-SE VOCÊ MESMO PARA BENEFÍCIO DOS DEMAIS

"A grandeza é medida por quanto você perde de si mesmo no serviço aos outros."

O verdadeiro sucesso na vida não é medido por quanto você acumula, mas por quanto você perde. Uma vida plena é determinada não por quanto tempo você vive, mas por quanto você doou para sua geração. Essencialmente, o servir aos outros é maior do que o auto-serviço.

Não penso que poderia ter encontrado um exemplo maior de mulher que deseja ser uma serva do que minha linda esposa e parceira no trabalho, Ruth. Ela é um exemple de compaixão, da mesma forma que meus pais. Toda vez que penso nela, penso no perfeito espírito. Nesse sentido, ela tem o mesmo espírito de minha mãe, que era tão generosa a ponto de compartilhar o pouco que tínhamos com os outros.

Ruth sempre quer certificar-se de que as pessoas estejam confortáveis e tenham o que precisam. Está sempre trabalhando ou iniciando projetos para ajudar meninas, jovens mulheres e pessoas idosas. Sua compaixão me encoraja e inspira. Minha esposa trabalha em todos os meus projetos e está constantemente ao meu lado para me apoiar.

Eu a encontrei quando estava no ensino médio, envolvida em grupos de comunidade para ajudar outros jovens. Ela já sabia quem eu era, embora eu não a conhecesse. Mais tarde, ela também freqüentou a Oral Roberts University. Estava aprendendo habilidades de secretaria, que, naquela ocasião, pensávamos ser uma escolha natural para mulheres. Na comunidade onde cresci, esperava-se que a maioria das mulheres tivesse trabalhos de secretaria ou enfermagem ou campos semelhantes.

Durante os vinte e nove anos que estamos casados tem sido muito gratificante para mim observar o envolvimento de Ruth. Mas assumir um papel público não foi muito fácil para ela inicialmente. Ela tinha medo do envolvimento direto e era bastante introvertida. Ruth nunca teve um desejo de ser vista e preferia ficar em segundo plano para ajudar. Hoje em dia, ela é uma palestrante e pode me representar, se eu não estiver apto para servir. Às vezes ela faz um trabalho ainda melhor!

Ela se transformou completamente, porque simplesmente queria servir. Encontrou seu propósito e seguiu seu desejo de oferecer seus dons ao mundo. Esta é a fonte da grandeza. Se você serve, torna-se grande.

Nós entendemos mal o que Jesus ensinou, porque nosso conceito de *servo* tem mais a ver com servidão do que com oferecer-se ao mundo. Nosso conceito tem a ver com subserviência. Tem a ver com autodepreciação ou tornar-se inferior. Isso é o oposto do que Jesus queria dizer. Ele quis dizer que o significado de seu dom importa tanto que se você não o entregar ao mundo, estará privando-o de sua contribuição singular. Ele não está lhe pedindo para se tornar inferior, mas para se tornar mais significativo, servindo seu dom.

A verdadeira liderança é a autodescoberta seguida pela automanifestação. É encontrar o seu propósito pessoal que você deve oferecer aos outros. Você deve aprender quem você é e, então, revelar-se ao mundo. Isso o colocará no caminho da liberdade — dos limites da cultura, da sociedade e das outras pessoas, de forma que possa se tornar o líder que Deus pretendeu que fosse.

Ninguém pode torná-lo um líder. Você não pode decidir tomar um caminho e tornar-se um líder. A grandeza não é algo que você procura. Grandeza é oferecer ao mundo aquilo que você descobre no seu interior. Isso significa que qualquer um — quer seja um escravo como José no Egito, quer seja um encarcerado como Nelson Mandela, ou um indiano que amava seu povo como Mahatma Gandhi — pode ser grande. Nenhum desses homens se encaixa no molde de um grande líder. O que eles fizeram foi descobrir o dom que tinham no seu interior, a paixão e, então, decidiram entregá-lo ao mundo em detrimento de sua própria segurança e preservação.

A grandeza no conceito de Jesus é descobrir seu verdadeiro eu e seus verdadeiros dons, e então humilhar seu verdadeiro eu, para servir. A palavra *humilde* é proveniente da palavra latina *humus,* que significa terra, "terreno." Significa ser terra, pó. Humilde também significa ser você mesmo. É um elogio.

Como Nasce um Líder

As pessoas sempre me perguntam, "Os líderes nascem líderes? Ou eles são feitos?" A resposta não é simples. Talvez a pergunta não esteja correta. A pergunta deveria ser, "Todos nós nascemos com potencial de liderança?" A resposta é, "Sim, todos nós nascemos com potencial de liderança e com capacidade para desenvolver este potencial, mas muitos nunca irão descobrir, desenvolver ou manifestar este maravilhoso potencial."

Um líder pode nascer em qualquer idade. Um líder pode nascer em um momento de pressão, circunstâncias opressivas, tragédia ou desastre, ou quando um indivíduo descobre seu propósito ou paixão. Você pode descobrir seu potencial de liderança ao ler este livro.

Se você for como Jesus, que se conectou com seu dom aos 12 anos, o líder em você nasceu nessa idade. Você conhece a história bíblica? Seus pais levaram-no para Jerusalém para a Páscoa. Voltando para casa, eles entraram em pânico, quando não puderam encontrá-lo na caravana. O casal voltou para o templo, onde o encontraram dialogando com os mestres, maravilhando-os com Suas perguntas e Seus discernimentos. Ele repreendeu Seus pais terrenos por se preocuparem. "Vocês não sabiam que eu devia estar cuidando da minha tarefa?" (*Vide Lucas 2:49*). "Por que vocês estavam me procurando?" Ele perguntou. "Não sabiam que eu devia estar na casa de meu Pai?"

Sua afirmação nos diz que Ele havia descoberto Seu dom. Estava se tornando ele mesmo e tomando conta de sua tarefa em benefício dos outros.

Todos nasceram para liderar, mas todos devem se tornar aquele líder, exatamente como aquele que nasceu homem, mas precisa passar por um processo de amadurecimento para tornar-se "homem" — um pai, um marido, um ancião.

Uma semente é uma árvore. A árvore é seu dom para o mundo. Para a semente gerar a árvore, porém, tem de passar por um processo; a semente, na realidade, precisa morrer. Para você e eu nos tornarmos o que nascemos para ser, precisamos fazer um esforço. O eu antigo morre. Nossa grandeza tem de vir através do servir. *Servir* significa demonstrar através do esforço. Significa também executar. Gandhi, que usou de técnicas não violentas para libertar seu povo da colonização, compreendeu a necessidade do autoconhecimento e automanifestação. "O que eu pretendo alcançar," ele disse, "o que na verdade venho tentando ansiosamente nos últimos trinta anos, é a auto-realização, encontrar-me frente a frente com Deus... Eu vivo, me movimento e dedico meu ser à busca por este objetivo."[1]

A maioria dos grandes líderes da história não estava buscando liderança. Algo aconteceu que os tornou os líderes que Deus tinha em mente. Considere estes exemplos:

- Jesus foi um carpinteiro que aceitou Sua atribuição — que, como Filho de Deus, Seu verdadeiro trabalho era ensinar uma nova forma de viver e, então, morrer por nós. Quando foi preso, teve Sua oportunidade.
- Martin Luther King Jr. era um pregador relativamente inexperiente e recém-chegado na cidade, quando uma mulher negra ousada recusou-se a ceder o seu lugar a uma passageira branca no ônibus. Os líderes da comunidade pediram-lhe que liderasse os cidadãos negros de Montgomery em um boicote a fim de exigir igualdade.
- Lyndon Johnson tornou-se uma voz mais forte dos direitos civis do que a maior parte das pessoas imaginou, quando ele teve de liderar a América após o assassinato de John F. Kennedy.
- Katherine Graham tomou as rédeas do *Washington Post* após o suicídio de seu marido e correu riscos para proteger a nação ao publicar o furo de reportagem do Watergate.
- Madre Teresa queria servir as pessoas pobres na Índia e atraiu outros a seguirem seu exemplo, o que acabou levando-a diante de reis, presidentes e papas.

Chamado para Servir

Os verdadeiros líderes nunca buscam a liderança. O que os conduz é uma percepção de propósito que revela seu dom e inspira os outros a participarem de seu propósito. Seu tipo de personalidade não é um fator que contribui para sua capacidade de liderança. Já que todo ser humano está aqui para ser um líder, os líderes vêm com todos os tipos de personalidades. O que eles têm em comum é um propósito fascinante.

A liderança nas vidas de líderes relutantes ou líderes improváveis, com freqüência, provém de duas fontes:

Circunstâncias e pressão. A liderança é fruto de uma crise, desafio ou clamor do destino.

Treinamento e desenvolvimento intencionais. A liderança origina-se a partir de oportunidades e projetos.

A Bíblia dá vários exemplos de liderança. Lembre-se de Moisés que era gago e não tinha nenhum carisma. "Moisés disse ao Senhor, 'Ó, Senhor, nunca tive facilidade para falar, nem no passado nem agora que falaste a teu servo. Não consigo falar bem!'" (*Êxodo 4:10*).

Deus diz, "Vou lhe dizer como funciona. Você está no comando de milhões de pessoas." Deus lhe disse para ir, levando Arão para falar por ele e a vara para fazer milagres.

De forma similar, Deus escolheu Davi. Quando Samuel foi à casa de Jessé em 1 Samuel 16 encontrar aquele que seria o rei, o pai trouxe seus filhos — o carismático, o educado, o atleta, o treinado, o bonito e o descolado, pensando: "Deve ser um destes."

Samuel diz, "Estes são todos os filhos que você tem?"

Jessé diz, "Ainda tenho o caçula, mas ele está cuidando das ovelhas."

Ele disse, "Traga-o aqui."

O pequeno rapaz veio e disse, "Sim papai." Samuel voltou-se, pegou um chifre cheio de óleo e disse, "Aqui está o rei."

Naquela ocasião, o dom de Davi era saber usar um estilingue. Ele descobriu e refinou esse dom. Ele nunca pensou em ser grande quando encontrou seus irmãos no campo de batalha, no momento em que Golias estava insultando seu povo e a honra de Deus. Pensou em salvar seu povo e a honra de Deus.

Se Davi tivesse escolhido a grandeza, ele não teria ido contra Golias ("Vou esperar um oponente mais fácil," ele poderia ter pensando. "Posso derrotar alguém do meu próprio tamanho e todos pensarão que eu sou grande"). Algo mais profundo o motivou; e ele sabia que tinha um dom que poderia usar. Aqueles com idéias tradicionais sobre liderança tentaram lhe dar a armadura como dom, mas não serviu nele. Davi disse, "Eu tenho um dom natural. Eu sei usar este estilingue."

1 Samuel 17:50

Assim Davi venceu com uma atiradeira e uma pedra; sem espada na mão, derrubou o filisteu e o matou.

Nosso mundo tem legiões de líderes. Precisamos reconhecer e cultivar os dons em nós mesmos e nos outros. Devemos todos atingir nosso próprio potencial e ajudar os outros a atingirem o deles.

Oprah Winfrey, a famosa apresentadora americana, conduziu um curso de verão sobre liderança na escola que ela inaugurou na África do Sul em janeiro de 2007. Em uma entrevista para um canal de televisão, Oprah disse que baseou sua aula no filme *O Mágico de Oz* — particularmente no conselho da Boa

Fada do Norte, Glinda, para Dorothy, de que ela tinha poder para voltar para casa em Kansas desde o começo.

Como Dorothy, você tem o poder para liderar desde o começo.

Siga o Processo

As pessoas que tentam atingir a grandeza geralmente ainda não têm elementos de liderança. Para ter acesso a esse poder e acelerar o passo como um líder, você deve seguir um processo. Quando Jesus disse a seus discípulos que eles tinham de se tornar servos, Ele estava descrevendo o processo. "*Não será assim entre vocês. Ao contrário, quem quiser tornar-se importante entre vocês deverá ser servo*"(*Mateus 20:26*). A grandeza é acessível a todos.

Podemos dissecar o significado das palavras de Jesus:
"Quem" = todo o mundo, qualquer um
"Quiser tornar-se" = desejar liderança
"Importante" = poderoso, significante
"Deverá" = é necessário
"Ser servo" = servir aos outros, administrar esforços, atender à suas necessidades

Ele diz, "Qualquer um" deve seguir um processo necessário a todos os verdadeiros líderes. Se você quiser ser grande, não existe nenhum atalho. Você deve seguir este processo. Se violar o processo, estará quebrando as leis da grandeza. Um exemplo, novamente, é Hitler. Ele era um homem que tinhas habilidades de comunicação. Era um orador. Magnetizava as pessoas. Nesse sentido, era incrível, mas o que ele fez? Não usou o dom para servir a humanidade. Utilizou-o para controlar, assassinar e abusar das pessoas.

Só porque encontramos nosso dom, não significa que sabemos como oferecê-lo. Ele pode tornar-se destrutivo.

Em outra extremidade encontra-se o grande cantor de ópera italiano Luciano Pavarotti, que morreu em setembro de 2007. Os obituários observaram que ele queria ser um jogador de futebol, mas começou a cantar em coros desde que era criança. Logo, sua música tomou conta dele. Ele tinha um dom tão poderoso que as pessoas queriam que continuasse cantando e ele queria fazê-lo. Conhecido por popularizar a ópera, mais que por sua voz ou habilidade, ele disse uma vez: "Eu não sou político, sou um músico. *Preocupo-me em oferecer um lugar onde as pessoas possam se divertir e começar a viver novamente.* É preciso dar o espírito ao homem, e quando você lhe dá o espírito, você fez tudo."

Ele disse certa vez que entrou no mundo da ópera em um momento em que muitos previram sua saída como uma forma de arte. Em 1961, ele teve a oportunidade de fazer o primeiro programa de televisão, "*Live from the Met*." "*E no dia seguinte, as pessoas me paravam na rua. Então eu percebi a importância de trazer a ópera para as massas. Penso que há pessoas que não conheciam o que era a ópera antes*." [Fonte] O mundo veio a conhecer a ópera em grande medida porque ele ofereceu seu dom. Ele não falou o que cantar fez por ele, mas sim o que ele fez por aqueles que o ouviram.

Conhecer-se

Como você começa o processo? Em primeiro lugar, pergunte-se, "Quem sou eu?" A pergunta não é: "O que eu faço?" Jesus nunca disse, "Eu *faço* resgates." Ele diz, "Eu sou o resgate."

Para explorar seu lugar e propósito, faça mais algumas perguntas a você mesmo:

- Eu posso ser um servo?
- Eu realmente quero ser o escravo?
- Estou disposto a ser o *mais jovem*?

- Qual é minha função?
- Qual é o meu propósito?
- Qual é o meu dom?
- O que me traz alegria?
- O que beneficia os outros?

Ninguém pode responder a estas perguntas por você e você não pode fazer um curso para aprender as respostas. Entretanto, outras pessoas tentarão classificá-lo. Elas estão julgando-o todo o tempo, enquadrando-o e dizendo o que é melhor para você. Seus pais dirão, "Ah, eu não acho que esta seja uma boa carreira para você, querido. Você ficará falido." Seu marido poderia lhe dizer, "Eu acho que você deveria ficar em casa." As pessoas irão prejulgá-lo e tentar lhe dizer o que você não pode fazer... "Mas as mulheres não podem..." "Os negros não se ajustam a..." "Os cristãos não deveriam..." "O que as pessoas iriam pensar?" "As pessoas com seu dinheiro e sua educação não..." "Você é muito jovem para..." (Ou muito velho, muito pobre, muito rico, muito alguma coisa).

As pessoas prejulgam. São preconceituosas porque são ignorantes. Prejulgam algo do qual não conhecem nada a respeito. Pensam que se elas podem classificá-lo de alguma forma, podem eliminá-lo de suas próprias mentes. Muitas pessoas que você encontra no ponto de ônibus, em um avião, em uma sala de aula, na igreja ou em uma reunião social irão imediatamente começar um processo para tentar classificá-lo:

- De onde você é?
- Qual é a formação de sua família?
- Qual é sua afiliação política?
- Qual é a sua religião?
- Onde você trabalha?

Eles vão continuar a bisbilhotar, a fim de classificá-lo e decidir se irão rejeitá-lo ou não. Não podem, no entanto, saber plenamente, apenas por estas coisas, o seu verdadeiro valor.

O aluno de Jesus, João, registrou um incidente desse tipo de encontro entre Jesus e a mulher que pensou que sabia tudo sobre Ele. Ela foi juiz e júri.

João 4:9:
A mulher samaritana lhe perguntou: "Como o senhor, sendo judeu, pede a mim, uma samaritana, água para beber?" (Pois os judeus não se dão bem com os samaritanos).

Ela estava dizendo, para todos os efeitos, "Eu não posso lhe dar água, porque já o classifiquei de acordo com seus antecedentes. Os judeus nem sequer falam com os samaritanos e nós não podemos nos relacionar. Por que estamos tendo esta conversa?"

Jesus respondeu à mulher partindo de Sua perspectiva de líder servil preparado para oferecer ao mundo Seu dom. "Se você conhecesse *o dom* de Deus e *quem* lhe está pedindo água, você lhe teria pedido e ele lhe teria dado água viva" (João 4:10, ênfase acrescentada).

"Se você conhecesse" é uma frase poderosa. Ela pensava que já sabia quem Ele era, de forma que o prejulgou. Ora, pelo fato de Jesus ter-lhe oferecido Seu dom, ela pôde receber esta "água viva."

João 4:11, 42
11 Disse a mulher, "O Senhor não tem com que tirar água, e o poço é fundo. Onde pode conseguir essa água viva?"...

42 E disseram à mulher, "Agora cremos não somente por causa do que você disse, pois nós mesmos o ouvimos e sabemos que este é realmente o Salvador do mundo."

Eu me pergunto quantas pessoas perdem uma bênção porque não vêem quem é que está oferecendo o dom.

Jesus conhecia a si mesmo. A mulher estava olhando as características superficiais. Jesus lhe disse, essencialmente: "Você tem sede espiritual, psicológica e emocional, mas eu tenho um poço no meu interior."

Quando nós realmente conhecemos as pessoas e seus dons, mudamos nossas atitudes para com elas. Quando você descobre o líder preso no seu interior, você verá os outros de forma diferente, e vice-versa.

Não permita que os outros o definam. Você tem de descobrir quem você é e qual é o seu propósito. Somente você pode dizer aos outros qual é o seu dom e como planeja oferecê-lo.

10 Passos Para a Autodescoberta

Os dez passos para descobrir sua liderança pessoal têm como propósito reconhecer os desejos que o Criador colocou no seu coração. Se você conhece seus desejos, pode começar a identificar seu propósito, que é o âmago da liderança servil. Pense sobre cada uma destas questões cuidadosamente e responda honestamente. Anote suas respostas.

1. Qual é o meu desejo mais profundo?
Quais são as coisas que eu mais quero na vida?
2. Qual é a minha paixão?
Qual é a coisa que você simplesmente tem de fazer? O que o anima e o estimula? O que o faz se esquecer de comer ou dormir?

3. O que me faz ficar bravo?
O que você gostaria que mudasse no mundo? Quais são as coisas que considera injustas, inadequadas ou inferiores em qualidade?
4. Quais idéias são constantes?
Quais idéias, invenções ou inovações continuam voltando à sua mente?
5. O que você imagina com freqüência?
Qual é a sua visão para sua vida ou para a vida dos outros?
6. O que você quer fazer pela humanidade?
Qual problema você gostaria de resolver? Qual necessidade gostaria de atender?
7. Quais são seus sonhos recorrentes?
O que você sonha fazer ou realizar? O que gostaria de poder fazer se pudesse fazer algo?
8. O que me traz maior realização?
Quais atividades, projetos, cursos, trabalhos e hobbies lhe trouxeram maior realização?
9. O que eu faria para sempre ainda que *não houvesse nenhuma compensação monetária?*
O que você faria a maior parte do tempo mesmo se nunca ganhasse nenhum dinheiro por isso?
10. O que eu prefiro estar fazendo?
O que você preferiria estar fazendo agora mesmo? O que você realizaria hoje se tivesse o dia de folga para fazer qualquer coisa que quisesse?

Reveja suas respostas, destacando os temas recorrentes e anotando como suas respostas se encaixam na imagem de quem você é e o que gosta de fazer.

Consulte a Deus

Não é o bastante, no entanto, olhar para seu interior. Embora o processo comece com a autodescoberta, você também deve determinar se o que tem em mente é o que seu Criador tem em mente. Muitas vezes quando falhamos em algo ou as coisas não saem como gostaríamos, é porque falhamos em discernir a vontade de Deus para nós em primeiro lugar. Não consultamos o Fabricante.

O Rei Salomão e o salmista Davi prometeram que nossos desejos seriam atendidos se nós glorificarmos a Deus:

Provérbios 19:21:
"Muitos são os planos no coração do homem, mas o que prevalece é o propósito do Senhor."
Salmo 37:4
"Deleite-se no Senhor, e Ele atenderá os desejos de seu coração."

Se você deleitar-se no seu Criador e em como Ele o fez, e, então, viver como Jesus mostrou com seu exemplo, irá realizar seu desejo pessoal de liderança.

Temos visto que cada ser humano tem um lugar "preparado" — um lugar de liderança ao qual pertence e pode cumprir um propósito na vida. Cada um de nós deve encontrar seu trabalho verdadeiro para ser eficiente e realizado.

Seu emprego é o que lhe pagam para fazer. Seu trabalho é o que você nasceu para fazer. Quando você se torna você mesmo através do seu trabalho, você se entrega ao mundo. É uma coisa natural. Se alguém lhe pergunta, *o que você faz?* Esta não é a pergunta correta, a pergunta correta seria, *quem é você?* A maior coisa do mundo que a pessoa poderia descobrir não é algo que tem a ver com *fazer,* mas com *ser.* A verdadeira liderança é descobrir quem estamos destinados a ser. *A liderança é tornar-se você mesmo para o benefício dos outros.*

Quem é você?

Se você souber a resposta para isso, aceitar seu destino como líder e compreender os sete princípios de liderança servil, poderá avançar e começar a se preparar para praticar a liderança.

PARTE 3

PREPARADO PARA SERVIR

A PRÁTICA DA LIDERANÇA

12

Acreditar: O Poder da Filosofia

"Ninguém vive além dos limites de seu sistema de convicções."

Se todos nasceram para liderar, por que tantos perdem o rumo e falham em viver seu pleno potencial? As razões provavelmente são muitas, mas a insegurança viria em primeiro lugar entre todas elas.

Quando começo a tratar de liderança, a maioria das pessoas não acha que estou falando sobre elas. Avalio que apenas dez por cento das pessoas que me ouvem ou lêem este livro poderiam estar convencidas de que têm alguma capacidade de liderança. Noventa por cento das pessoas acham que estou falando de alguma outra pessoa.

Ei, eu realmente estou falando de você! Você deve começar a acreditar em si mesmo, se ainda não o fez. Deixe o que lhe é *inerente, natural,* mas está preso dentro de você, desenvolver-se e aparecer. É hora de mudar sua forma de pensar.

Temos explorado os sete princípios da liderança, entre eles, que a liderança lhe é inerente, natural, o Princípio 4. Todavia, muitas pessoas acreditam que a liderança está reservada à elite, uma idéia que se deriva da filosofia grega e, posteriormente, espalhou-se por todo o mundo através do Império Romano. Esta filosofia, conforme discutimos no capítulo 8, ensina que apenas poucos nasceram para liderar, e os outros para seguir, e conseqüentemente a liderança é reservada a uma porcentagem da elite muito pequena da população mundial. A maior parte vive à sombra de poucos da talentosa e extraordinária elite.

Ainda hoje, nós, pessoas comuns, aceitamos esta filosofia. Nosso destino deriva-se do que os outros pensam de nós. À medida que discutimos como se preparar para o seu lugar de liderança, o lugar preparado que o Pai reservou para você — para cada um de nós — o que *você* pensa de você é fundamental. Quais são suas convicções sobre você mesmo? Qual é a sua filosofia?

A filosofia é poderosa. O *pensamento* é a fonte da filosofia. A palavra *filosofia* provém de *philo,* que se deriva de *philia*, que significa amor, amizade e "*sophia,*"de *sophos,* de sábio. Aborda nossa maneira de pensar, nosso sistema de convicções. Você vive suas idéias. Você se torna seus pensamentos. Salomão diz que o que você pensa determina quem você é: "Porque, como imaginou no seu coração, assim ele é." (*Provérbios 23:7* –Versão King James).

A palavra que traduzimos como "coração" na declaração de Salomão é uma palavra hebraica que significa "o centro do raciocínio." Isso não se refere à mente consciente, mas à "mente escondida." A psicologia chama de mente subconsciente. Qualquer coisa que esteja armazenada em sua mente subconsciente é, geralmente, você mesmo.

Jesus de Nazaré disse: "Pois a boca fala do que está cheio o coração" (*Mateus 12:34 - Nova Versão King James*).

Ele também diz:

Mateus 15:18–20
18 "Mas as coisas que saem da boca vêm do coração, e são essas que tornam o homem 'impuro'.
19 Pois do coração saem os maus pensamentos, os homicídios, os adultérios, as imoralidades sexuais, os roubos, os falsos testemunhos e as calúnias.
20 Essas coisas tornam o homem impuro".

O que sai do coração pode ser tanto construtivo como destrutivo. Jesus ensinou que o coração gera as ações. As ações são praticadas lá e, depois, saem em atos. Seu aluno João repetiu este ensinamento quando escreveu, "Quem odeia a seu irmão é assassino, e vocês sabem que nenhum assassino tem a vida eterna em si mesmo" (1 João 3:15 – Nova Versão King James). As pessoas freqüentemente pensam que está certo odiar alguém se não causarem nenhum mal físico a essa pessoa. Todavia, o que está em nosso coração conta a verdadeira história de quem somos. Nossas idéias e pensamentos mais secretos são imensamente importantes, porque governam nossas atitudes e vidas.

Por que em um livro sobre liderança deveríamos enfocar o assunto da filosofia? A filosofia é o âmago de nossas idéias sobre liderança. Para melhorar ou mudar nossa qualidade de liderança, devemos abordar sua dimensão filosófica.

Em Que Você Acredita

O que os outros pensam de nós é importante, porque grande parte de nossa auto-imagem deriva-se disso, especialmente quando somos jovens. Isso inclui o que nossos pais, amigos e professores pensam. Podemos até incorporar o que aqueles que nunca nos encontraram pensam.

Se você ouve com muita freqüência que não pode liderar, está propenso a acreditar que não pode ser um líder. Você vê através de suas convicções e crenças, não através de seus olhos. A filosofia é mais poderosa que a vista, porque através de sua filosofia você interpreta o que vê com seus olhos.

Você pode resistir à filosofia de limitar a si mesmo com um "recondicionamento" espiritual e seus pais, a igreja ou mentores podem ajudá-lo a desenvolver um forte autoconhecimento que o vacine contra o que o mundo pensa. A Bíblia diz para não acreditar na opinião dos outros sobre você. Como o apóstolo Paulo coloca, "De maneira nenhuma! Seja Deus verdadeiro, e todo homem mentiroso" (*Romanos 3:4*).

Sempre que "eles" dizem, "Você não vai conseguir," "eles" estão mentindo. "Você nunca vai ser ninguém." "Eles" estão mentindo. Os parentes mais velhos dizem sem rodeios, "O diabo é um mentiroso." A única pessoa em que você deve acreditar é Deus. Você pode fazer o que Deus estabeleceu para você. Qualquer coisa inferior a isso é mentira. Se o fabricante do carro construiu um carro para correr a 180 quilômetros por hora, ele pode atingir essa velocidade. Se Deus determinar que você pode liderar, você pode e deve.

Diga-me em que você acredita e eu lhe direi que tipo de líder você é.

Não estou preocupado com quantos cursos de gerência você fez, quanto treinamento e educação você tem, ou mesmo quantos seguidores você ganhou. Estou profundamente interessado no que você *acredita* — no que diz respeito a você mesmo, outras pessoas e o mundo.

A filosofia é provavelmente a força mais poderosa do mundo. A filosofia começa com pensamento ou idéias — e as idéias controlam o mundo. O poder de uma idéia é o que pode criar realidade. Tudo começa com uma idéia.

Talvez você esteja sentado em uma cadeira agora. A cadeira foi a idéia de alguém. As roupas que você está usando vieram da idéia de alguém. Invenções, negócios, obras de arte, composições musicais, franquias esportivas, instituições de caridade, escolas, nações e hospitais foram todos, uma vez, idéias — conceitos que se tornaram realidade.

Para ter impacto, as idéias devem ser comunicadas da mente da pessoa para as mentes dos outros. São palavras — escritas ou faladas — que transmitem essas idéias.

Se eu tenho determinadas idéias em minha cabeça, posso transmitir estas idéias a você através de palavras nestas páginas. Todas as palavras que recebemos são "pacotes de idéias" que são entregues oralmente ou por escrito.

O grande poder das palavras é refletido em uma declaração feita por um aluno do filósofo-mestre Jesus de Nazaré no primeiro século.

João 1:1–3

1 No princípio era aquele que é a Palavra. Ele estava com Deus, e era Deus.

2 Ele estava com Deus no princípio.

3 Todas as coisas foram feitas por intermédio dele; sem ele, nada do que existe teria sido feito.

Tudo que foi feito começou com esta "Palavra." O termo grego traduzido aqui como "Palavra" em português realmente reflete um conceito mais complexo do que poderíamos pensar. A palavra grega é *logos,* que significa literalmente "algo dito (incluindo o pensamento)" ou "uma palavra (incorporando uma idéia)."

Logos é a expressão de uma idéia. Para parafrasear a declaração de João, "No Princípio foi a expressão da idéia do Criador. Esta expressão esteve com o Criador no princípio e era inseparável dEle. Todas as coisas foram feitas através da expressão da idéia do Criador." Tudo — mesmo nosso mundo físico — começou com a expressão de uma idéia. Este é um princípio que se aplica a todos os aspectos de nossas vidas, incluindo a liderança.

Como Você Pensa?

Idéias são vitais, mas nossa forma de pensar sobre idéias é ainda mais significante. Quando recebemos idéias, nossos cérebros começam a trabalhar nelas, analisando-as para ver se as aceitamos ou não. Se aceitamos as idéias, nossas mentes conscientes as levam e transferem para uma "conta" chamada de *mente subconsciente*, que as armazena. Se nossos cérebros não aceitam as idéias, nós as rejeitamos e expulsamos de nossos pensamentos. O acúmulo de idéias que aceitamos torna-se nosso sistema de crenças, convicções — nossa filosofia de vida. Estas são as idéias que adotamos, conservamos e pelas quais vivemos. É nossa maneira de pensar, nosso sistema de crenças, convicções, conceito de verdade e percepção de vida.

Todos os seres humanos são filósofos, porque cada um de nós possui uma filosofia de idéias, quer percebamos ou não. Nossas filosofias são formadas por idéias que tiramos dos outros ou formamos pessoalmente, que assimilamos em nossas vidas. Estas idéias ajudam a criar a realidade em que vivemos.

Você vive com as idéias que aceita. Você se transforma em seus pensamentos. Este é o motivo pelo qual os pensamentos e as idéias são tão vitais. As pessoas podem fazer com que você se torne quem elas querem que você seja, se você aceitar suas palavras para sua vida. Se você ouvir algo durante muito tempo, pode começar a acreditar nisso e a viver isso. Se as idéias o subjugam, conseqüentemente, você pode tê-las adotado e armazenado em sua mente subconsciente. Você se torna o que as pessoas dizem que você é, se aceitar o que elas dizem.

Uma vez que acredita em algo, você tem uma experiência diferente de vida, porque agora você reage à vida de acordo com estas convicções. Você vê mais através de suas crenças do que através de seus olhos físicos. A filosofia é, portanto, mais poderosa do que a visão, porque você interpreta o que vê com seus olhos de acordo com o que acredita em seu coração e mente. Tenha cuidado com quais idéias você aceita, porque elas podem ser tanto valiosas como nocivas.

Por outro lado, a transmissão de idéias pode ser imensamente benéfica. Por exemplo, os pais ensinam aos seus filhos o valor da honestidade e autodisciplina, e isso permanece com os filhos o resto de suas vidas. Uma comunidade passa para as novas gerações seus valores e tradições de ajudar os menos afortunados e tratar os outros com respeito, a fim de garantir a continuação de uma sociedade pacífica.

A maioria de nós pensa que nasceu para ser seguidor, e por concepção, o "sistema" mantém a maior parte das pessoas como seguidoras. Nosso sistema político e nossos governos, mesmo as democracias, reforçam a idéia de que poucas pessoas irão liderar e as outras seguirão. Toda forma de governo no mundo — quer seja Comunista, Socialista, Democracia ou ditadura — subentende que a liderança é reservada a poucos, de forma que não devemos sequer aspirar sermos líderes. A educação produz seguidores. A maior parte das pessoas aprende a se tornar empregado, não proprietário de negócios. Temos poucas pessoas atualmente em negócios ou empreendimentos. Empresários seriam líderes. O empreendimento começa quando as pessoas descobrem que possuem um dom e seguem seus sonhos. Começam os negócios e constroem a economia. Constroem nações.

Nossas escolas, em vez disso, ensinam os alunos a obterem um emprego e trabalharem para uma outra pessoa. Os alunos aprendem a ser bons funcionários. Mesmo os pais dizem aos filhos, "Vocês precisam estudar para conseguir um emprego." A maior parte dos pais incentiva isso, sem perceber que estão limitando o potencial de seus filhos. O sistema inteiro é estabelecido desta forma, seja intencionalmente ou à revelia. Eles não poderiam dizer, "Estude para que possa ter seu próprio negócio ou ser um empregador?"

A cultura destrói o seu eu verdadeiro e produz o "você" que a estrutura da cultura deseja. É por isso que as escolas possuem um currículo. Um currículo é um sistema para produzir um produto que está predeterminado. O sistema educacional pode predeterminar e predizer que tipo de pessoa o sistema irá produzir se a pessoa a ele se submeter. O sistema requer que todos os professores estudem os mesmos escritores, a mesma versão da história, os mesmos filósofos e assim por diante — de forma que possa produzir mais professores exatamente como estes.

O ser humano comum nunca descobre quem ele é. Ele se torna o que todos esperam — exceto o que nosso Criador — Deus, espera. Os sistemas de filosofia têm sabotado a grande riqueza da capacidade humana em você e nas pessoas ao seu redor, de forma que a maior parte das pessoas está muito longe de atingir sua capacidade. Não conhecem a si mesmas. E ninguém as conhecerá se elas não mudarem.

A idéia de liderança que o filósofo, mestre e professor Jesus de Nazaré veio *reintroduzir* nos devolve o conhecimento de quem somos como seres humanos. Seu âmago é que o potencial e a capacidade para liderança é inerente a todos e não exclusivo de alguns. Este conhecimento mudará o mundo.

Então, Veio Jesus

Jesus Cristo foi o exemplo supremo do que um líder não deveria ser - no âmbito da filosofia tradicional. Ele viveu em uma cidade com onze casas e uma rua. Permaneceu dentro dos limites de uma área relativamente pequena durante Sua vida. Nasceu sob a opressão colonial romana sem quaisquer vantagens nem uma posição na alta sociedade. Ele não era nem mesmo um cidadão romano. Os romanos O consideravam um não-cidadão sub-humano de segunda classe. Todas as coisas que poderiam trabalhar contra uma pessoa para que viesse a se tornar grande estavam presentes. Até Seus melhores amigos tinham baixa auto-estima, de forma que Ele não poderia conseguir sua estima de Suas afinidades. Mesmo assim sua influência tornou-se global. Como se faz isso? Como uma pessoa com todas estas desvantagens e nenhuma vantagem poderia se sobressair e tornar-se a pessoa mais significante da história?

Ele diz que não foi porque era o Filho de Deus. Ao contrário, ele se refere a si mesmo usando com freqüência um termo nas Escrituras. Ele se chama de o "Filho do "Homem," dando a entender, "Eu sou humano exatamente como todos vocês, mas usei o que tinha de uma forma única, de maneira que fui capaz de sair ileso apesar das desvantagens e, então, erguer os outros."

Mateus 11:19
Veio o Filho do Homem comendo e bebendo, e dizem:"Aí está um comilão e beberrão, amigo de publicanos e 'pecadores'" Mas a sabedoria é comprovada pelas obras que a acompanham.

Jesus Cristo sabia que todo ser humano é um líder em uma área de dom. Seu conceito é que cada pessoa deve ser um líder entre os líderes. O Criador criou todo ser humano para ser um líder, de forma que temos um mundo de líderes. Cada pessoa possui um lugar no programa humano de Deus e deve acreditar que este lugar existe. Todos devemos estar seguros de que podemos servir naquele lugar e contribuir para nossa comunidade e nosso mundo.

A fim de liderar, cada um deve primeiramente tornar-se um servo. A liderança servil não é nova, mas foi perdida por tanto tempo que aqueles que ouvem falar dela hoje em dia consideram-na como nova.

A filosofia de Jesus Cristo com respeito à liderança é importante, porque as filosofias da sociedade que limitam a liderança não permitiram que os líderes surgissem. A maioria aceitou a idéia de que não tem direito de ser líder. Acreditaram em uma idéia que não é verdadeira.

Jesus veio reafirmar o plano de Deus. Deus nos criou à Sua imagem para termos domínio sobre a terra, para liderarmos, e esta liderança é inerente a todos nós. Jesus nos lembrou novamente que a liderança é serviço.

A chave para o sucesso pessoal é a descoberta de seu dom pessoal. Deus o projetou e concebeu para uma tarefa. Você nasceu para liderar na área em que seu dom opera, e sua postura diante da vida e da liderança será um produto da descoberta de seu dom e de sua função, de forma que possa oferecê-los ao mundo.

Uma Perspectiva Positiva

Até você se descobrir, no entanto, a insegurança irá contaminar sua postura. Você não pode fingir ter confiança. Ela provém de seu autoconhecimento — através da autodescoberta. Você pode ler milhares de livros sobre pensamento positivo e ainda pensar de forma negativa. Uma atitude positiva é fruto da convicção.

Você tem de mudar suas convicções sobre si mesmo para descobrir o líder preso no seu interior, a semente de grandeza nascida em você e sua área de dom.

Com a liderança servil, a intimidação desaparece. Quando você sabe quem você é, automaticamente começa a ver as outras pessoas de uma forma razoável e sábia. Se você pensa que é pequeno e inadequado, os outros irão parecer grandes e ameaçadores.

Quando os israelitas estavam para cruzar o Rio Jordão e entrarem na Terra Prometida, doze espias foram enviados antes para checar a terra. "Nós parecíamos gafanhotos aos nossos olhos, e parecíamos o mesmo para eles." Os outros dois disseram, "Subamos e tomemos posse da terra, é certo que venceremos!"

Números 13:30–33
30 Então Calebe fez o povo calar-se perante Moisés e disse, "Subamos e tomemos posse da terra. É certo que venceremos!"
31 Mas os homens que tinham ido com ele disseram: "Não podemos atacar aquele povo; é mais forte do que nós."
32 E espalharam entre os israelitas um relatório negativo daquela terra. Disseram: "A terra para a qual fomos em missão de reconhecimento devora os que nela vivem. Todos os que vimos são de grande estatura.
33 Vimos também os gigantes, os descendentes de Enaque, diante de quem parecíamos gafanhotos, a nós e a eles."

Observe que os dez disseram que pareciam como gafanhotos aos seus olhos. Se eu penso que sou um gafanhoto, você parecerá enorme para mim. Conseqüentemente, minha imagem de você é completamente dependente de minha imagem de mim mesmo. Isso pode causar medo. Deixe-me assegurar-lhe algo:

noventa por cento das pessoas de quem você tem medo não são dignas desse medo. Elas podem até mesmo vê-lo como um gigante e a si mesmas como gafanhotos. O medo é autogerado.

Deus havia dito às pessoas que tomassem a terra, porque ela lhes pertencia.

Em vez de cumprir seu propósito, eles acreditaram que eram menos do que realmente eram.

O resultado da opressão e do reforço negativo é autodepreciação, autodesvalorização, um sentido de desmerecimento, uma falta de confiança, baixa auto-estima e autodestruição. Isso é conseqüência de ensinar às pessoas que elas não podem fazer ou se tornar qualquer coisa diferente do que a sociedade impõe.

Os jovens absorvem o que a sociedade lhes diz que devem ser. Como muitos homens e mulheres jovens afirmaram, "Por que preciso de educação? Não vai fazer nada por mim de qualquer modo." A sociedade lhes vendeu uma idéia de que sua vida não tem nenhum valor e que não vale a pena alcançar seu sonho, de forma que deixam a escola e juntam-se a uma gangue que lhes promete grandeza.

Eles são capacitados como líderes no domínio do crime. Tornam-se anti-sociais. Odeiam a sociedade. Roubam lojas para sentirem a "euforia" proveniente de ser capaz de dominar alguém com uma arma, ainda que por apenas um momento. Se forem para a prisão, fazem a mesma coisa quando saírem, de forma que possam desfrutar dessa "euforia poderosa" novamente.

Os líderes potenciais permanecem presos, desiludidos e confusos. Contudo, alguns destes mesmos jovens podem compor de modo improvisado e fazer discursos sincopados, poesias originais *enquanto* preparam uma peça teatral e executam rotinas de danças originais em batidas complexas de diversos ritmos. E se eles pudessem usar estas mesmas habilidades de uma maneira produtiva para liderar igrejas, escolas ou nações? O quão melhor seria este mundo?

Os jovens confusos voltam-se para o crime para exercer controle sobre suas vidas. Desejam grandeza. Até a menor criança deseja grandeza. Uma criancinha que começa a andar, está simplesmente expressando o desejo de grandeza. É uma luta contra os adultos por controle, poder, pois aos dois anos ainda não aprendeu a usar o dom de influenciar o mundo.

Se todo ser humano compreendesse que cada um nasceu com um dom e potencial para liberar esse dom para servir a humanidade, em vez de ser empregado, nós teríamos isso em funcionamento. Todos poderiam começar a empregar seus dons e talentos e poderíamos distribuir os líderes para o mundo. Cada pessoa nascida de uma mulher tem um lugar no mundo onde se espera que brilhe.

Refletindo a Glória

Entre os grandes problemas da humanidade está a insegurança. Aqueles que duvidam de si mesmos não sabem quem são; tentam ser alguma outra pessoa; duvidam de suas habilidades; usam as identidades de outras pessoas.

Estudei a vida de Jesus durante trinta anos e Ele continua a me intrigar. Ele nunca aceitou as opiniões dos outros automaticamente. Alguém pode tê-lo chamado de estúpido e você acreditou que é estúpido. Talvez você até deixe a escola por causa disso. As pessoas podem tê-lo chamado de feio e agora você pensa que é feio. Alguém pode tê-lo chamado de inadequado a alguma coisa e você nunca mais tentou fazê-la. O que os outros dizem, você acredita: que você não pode pintar, nadar, tocar piano, fazer cálculos ou ____________________ (preencha a lacuna) e você também crê que não pode! Você acredita na opinião dos outros, porque não sabe quem você realmente é ou qual é o seu potencial.

É preciso ser uma pessoa totalmente segura para perguntar aos outros, "Quem você diz que eu sou?" Como Jesus perguntou aos seus alunos (Mateus 16:15).

Você precisa saber a resposta antes de fazer a pergunta, porque você está propenso a obter uma opinião imperfeita.

Jesus veio para nos devolver nossa auto-imagem. Mas Ele não poderia fazê-lo a menos que nos mostrasse como se pareceria. Portanto a Bíblia diz que Deus tornou-se carne e viveu entre nós, e pudemos contemplar e ver Sua glória. "Aquele que é a Palavra tornou-se carne e viveu entre nós. Vimos a sua glória, glória como do Unigênito vindo do Pai, cheio de graça e de verdade" (João 1:14).

Nós pudemos nos ver Nele. Este é o motivo pelo qual somos tão atraídos pelo homem chamado Jesus e porque adotamos Sua filosofia de vida tão prontamente. Ele personificou a inspiração e o desejo secreto de todo ser humano de ter o controle da vida, suas circunstâncias e situações.

No Novo Testamento, aprendemos que há dois mil anos as pessoas seguiram a Jesus porque gostavam do que viam. Elas viram o que parecia andar sobre a água, falar com as árvores e vê-las morrer, falar para os peixes e encher uma rede e fazer parar uma tempestade. Viram o espírito humano controlando a terra e disseram, "Eu gosto disso." Por este motivo, as pessoas o seguiam a todos os lugares que ia, ao ponto de passarem fome, antes de Ele multiplicar poucos pães e peixes para alimentar milhares.

Mateus 14:14–21

14 Quando Jesus saiu do barco e viu tão grande multidão, teve compai-
xão deles e curou os seus doentes.
15 Ao cair da tarde, os discípulos aproximaram-se dele e disseram: "Este
é um lugar deserto, e já está ficando tarde. Manda embora a multidão
para que possam ir aos povoados comprar comida."

16 Respondeu Jesus: Eles não precisam ir. Dêem-lhe vocês algo para comer."
17 Eles lhe disseram: "Todo o que temos aqui são cinco pães e dois peixes."
18 "Tragam-nos aqui para mim," disse ele.
19 E ordenou que a multidão se assentasse na grama. Tomando os cinco pães e dois peixes e, olhando para o céu, deu graças e partiu os pães. Em seguida, deu-os aos discípulos, e estes à multidão.
20 Todos comeram e ficaram satisfeitos, e os discípulos recolheram doze cestos cheios de pedaços que sobraram.
21 Os que comeram foram cerca de cinco mil homens, sem contar mulheres e crianças.

Ele disse aos discípulos, "Saiam e façam isso." Eles saíram e fizeram. Expulsaram demônios, ressuscitaram mortos e curaram os enfermos.

Lucas 9:1–2, 6
1 Reunindo os Doze, Jesus deu-lhes poder e autoridade para expulsar os demônios e curar doenças,
2 e os enviou a pregar o Reino de Deus e a curar os enfermos.
6 Então, eles saíram e foram pelos povoados, pregando o evangelho e fazendo curas por toda parte.

Quando voltaram, disseram estar impressionados com seu próprio sucesso e eficácia em controlar as circunstâncias e exercer poder sobre as situações da vida.
Eles disseram, "Veja o que fizemos, Senhor!" Cristo lhes diz "Não se alegrem por causa dessas coisas. O que tem isso de mais? Isso é normal para vocês." Ele diz, "Vocês deveriam se alegrar por

estarem religados ao céu. Agora, seu nome foi colocado de volta ao livro. Vocês deveriam se alegrar por isso. Estão novamente em contato com o seu Fabricante."

Vocês meramente fizeram o que o Mestre esperava de vocês. A Bíblia subentende que simplesmente executar os deveres normais de liderança não é motivo para grande orgulho. Isto é normal. A liderança é sua natureza. É genético.

Lucas 17:7–10:
7"Qual de vocês que, tendo um servo que esteja arando ou cuidando das ovelhas, lhe dirá, quando ele chegar do campo: "'Venha agora e sente-se para comer?'
8 Ao contrário, não dirá: 'Prepare o meu jantar, apronte-se e sirva-me enquanto como e bebo; depois disso você pode comer e beber'?
9 Será que ele agradecerá ao servo por ter feito o que lhe foi ordenado?
10 Assim também vocês, quando tiverem feito tudo que lhes foi ordenado, devem dizer: 'Somos servos inúteis, apenas cumprimos o nosso dever.'"

Observe atentamente que este texto bíblico declara que o serviço de liderança é sua "obrigação" — não uma questão de exceção. Quando você está exercitando e oferecendo o seu dom ao mundo, está fazendo o que é natural e esperado, assim o elogio e o aplauso não são necessários. Essencialmente, os verdadeiros líderes não trabalham por reconhecimento, valorização, elogio ou vaidade, mas como uma obrigação para com a humanidade. Em outras palavras, a liderança de um verdadeiro líder é um privilégio, não um direito. A liderança de um líder servil, portanto, é vista como um dever que a pessoa tem para com a humanidade. Nossa! Que diferença esta filosofia faria no mercado de trabalho!

Mova a Montanha!

Jesus nos encoraja a acreditar que podemos fazer mais do que o normal, até mesmo mais do que o extraordinário. Ele diz à humanidade para acreditar. Permita-me apenas adverti-lhe, no entanto, que acreditar não é suficiente, porque você pode acreditar na coisa errada. Ele faz ressalvas, indicando em quem ou no quê você deve acreditar. Acredite no que Deus diz sobre você. Ele é o Criador. Acredite no Construtor, não na opinião das pessoas.

Um dia, Jesus falou com uma árvore e os discípulos ficaram chocados. Ele disse, essencialmente: "Por que vocês estão incomodados com a conversa com a árvore? Vocês podem falar com as montanhas."

Mateus 21:18–22

18 De manhã cedo, quando voltava para a cidade, Jesus teve fome.

19 Vendo uma figueira à beira do caminho, aproximou-se dela, mas nada encontrou, a não ser folhas. Então lhe disse: "Nunca mais dê frutos!" Imediatamente a árvore secou.

20 Ao verem isso, os discípulos ficaram espantados e perguntaram: "Como a figueira secou tão depressa?"

21 Jesus respondeu: "Eu lhes asseguro que, se vocês tiverem fé e não duvidarem, poderão não somente fazer o que foi feito à figueira, mas também dizer a este monte: 'Levante-se e atire-se no mar,' e assim será feito.

22 E tudo o que pedirem em oração, se crerem, vocês receberão."

Ele mais ou menos disse, "Você se afastaram tanto do que realmente costumavam ser, que ser natural é excepcional. Minha conversa com a árvore os choca, mas vocês têm poder para falar com uma montanha."

Deus não fica admirado quando você expulsa um demônio. Não fica admirado quando nós temos autoridade sobre o germe da tuberculose ou sobre o vírus da AIDS. Não está surpreso ou chocado quando você liga ou desliga e lança fora enfermidades e doenças.

Jesus diz que você pode falar com uma montanha, dizer a ela que se mova e vá para o mar. Requer uma fé do tipo de Deus. "Vá! No nome de Jesus, pela autoridade da minha imagem, vá! Mova-se até o mar! Retire-se em nome de Jesus! Montanha, saia do meu caminho, eu lhe ordeno."

Creia.

Uma antiga canção diz, "Você não tem de mover a montanha. Só precisa de forças para escalá-la." Esqueça-se disso, você pode mover a montanha! Deve repetir isso até conseguir. Você já ouviu as pessoas utilizando a abreviatura *P.U.S.H (que forma a palavra "empurre" em inglês) — Pray Until Something Happens* (Ore Até Alguma Coisa Acontecer). Empurre a montanha. Você tem o poder para fazê-lo. Você pode fazer qualquer coisa que Ele o chamar para fazer. Em primeiro lugar, tem de acreditar. A Bíblia diz que você só precisa da fé do tamanho de uma minúscula semente:

> *Ele respondeu,* "Porque a fé que vocês têm é pequena. Eu lhes asseguro que se vocês tiverem a fé do tamanho de um grão de mostarda, poderão dizer a este monte: 'Vá daqui para lá,' e ele irá. Nada lhes será impossível" *(Mateus 17:20).*

Eu sou um Líder

Não é fácil inverter os anos de treinamento para não acreditar em si mesmo, mas você pode cultivar essa convicção, lembrando-se de que pode fazer qualquer coisa.

A grandeza está separando-o da opinião de outras pessoas. A grandeza está libertando-o das expectativas dos outros a seu respeito. A grandeza está revelando que você é mais do que a sociedade pensou que você era.

Para ajudá-lo a alcançar a grandeza, adaptei estas afirmações provenientes de algumas de minhas obras anteriores. Leia-as periodicamente para ajudar a maximizar seu potencial para liderar:

Afirmações

1. **Possuo um profundo propósito,** que é o significado e a razão de minha existência.
2. **Tenho uma clara visão,** uma visão pessoal e corporativa que comunico aos outros.
3. **Adoro servir aos outros** com um forte entusiasmo por ver suas vidas melhorarem, ajudando-os a maximizarem seu potencial e a desenvolverem sua própria liderança.
4. **Estabeleci metas claras** de acordo com meu dom e o propósito de Deus para mim.
5. **Cultivo minhas reservas espirituais** através das Escrituras, oração e práticas de fé.
6. **Sou passível de ser ensinado,** conforme demonstrei estudando, lendo, escutando aqueles com quem aprendo e tirando proveito de meus erros.
7. **Estou constantemente refinando minhas habilidades** através da prática, adaptação e inovação, a fim de obter excelência.
8. **Acredito nos outros** e avalio sua importância e suas fraquezas.
9. **Sou ousado e decidido,** confio em minhas forças e em minha liderança natural dada por Deus.
10. **Tenho integridade** em todos meus relacionamentos com as pessoas.
11. **Maximizo minhas oportunidades** e meu tempo para atingir resultados.
12. **Sou um líder** criado à imagem de Deus e empenhado em oferecer meus dons.

13

Preparar: A Caixa de Ferramentas de um Líder

"Capacidade sem dom é a fonte da mediocridade."

Se eu nasci para liderar, por que tenho de me preparar para isso?

Você estaria justificado por perguntar isso. A preparação é necessária antes de realizar qualquer empreendimento. Você pode ter a capacidade para fazer uma tarefa e o potencial para obter sucesso, mas para alcançá-lo necessitará de algumas ferramentas. O conselho do Salvador para "quem quiser se *tornar* grande" subentende um processo de preparação (Mateus 20:26, ênfase acrescentada).

Sem algum treinamento, suas chances de cumprir seu propósito são diminutas. Todo aquele que se torna o Diretor Executivo de uma empresa provavelmente passou algum tempo como estagiário.

Embora a liderança seja inerente e natural, seu sucesso irá requerer algum preparo, estudo, oração e meditação. Para levar a cabo uma missão, ordens ou contrato, um líder deve ter alguns recursos.

Há características que os líderes eficientes têm em comum? Se você estudou a vida dos grandes líderes — mesmo aqueles de sua empresa ou vizinhança que dirigem uma equipe, um time ou uma família — provavelmente será capaz de listar algumas similaridades.

No topo da lista está provavelmente a capacidade de inspirar. Líderes inspiram. Inspirar é estimular, mobilizar. Inspirar é fazer os outros incorporarem suas decisões, valores e metas.

Os líderes que não conseguem inspirar os outros, com freqüência tentam manipulá-los, mas a verdadeira liderança é estabelecer um exemplo para os outros imitarem, porque eles são inspirados. Aqueles que usam de ameaças, promessas, coações e o medo das pessoas não são líderes; são manipuladores profissionais. Seu objetivo é controlar, oprimir e impor.

Qual é a diferença? Se eu ordeno que você faça alguma coisa e o ameaço com conseqüências — talvez um corte de pagamento, um rebaixamento de posição ou até mesmo violência — isto é coação. Se eu lidero pelo exemplo, se eu o faço querer fazer o que estou pedindo, isto é uma liderança inspiradora. Se eu lavo os pés de meus amigos e colegas de trabalho, como Jesus fez para demonstrar a liderança servil, e o encorajo a fazer o mesmo com outras pessoas, e você o faz, isto é a inspiração em ação.

O Fôlego de Deus

O significado da palavra inspirar vem do latim, *inalar* — "inspirar." A palavra hebraica para *inspirar* significa "Respiração de Deus." Nosso Criador respira a capacidade para dentro de nós. A inspiração é a própria respiração do líder. A inspiração é tão importante quanto o ar que respiramos. É tão importante que define a verdadeira liderança. Neste livro, nossa definição prática de liderança é:

Liderança é a capacidade de influenciar os outros através da inspiração gerada por uma paixão, motivada

por uma visão, nascida de uma convicção, produzida por um propósito.

Vamos rever estas palavras-chave:

Influência
Inspiração
Paixão
Visão
Convicção
Propósito

A evidência fundamental da verdadeira liderança é a influência. A essência da liderança é a influência. Mais uma vez, a influência pode ser confundida com manipulação.

Para liderar qualquer pessoa em qualquer lugar ou fazer com que alguém faça algo, você deve influenciá-lo. Você tem uma melhor chance de influenciar os outros se inspirá-los. Você os inspira através de sua própria paixão pela tarefa ou pelo assunto.

A maior parte dos pais não inspira os filhos. Eles os manipulam ou ordenam que façam coisas. Ameaçam ou assediam para tentar controlá-los e, com freqüência, fracassam. Se você quiser inspirar seus filhos a ler, por exemplo, então, deve primeiro desenvolver uma paixão pelos livros. Se você disser a seu filho, "Não veja TV," mas ele o vê passando horas na frente dela, eles farão o mesmo. Se, ao contrário, eles o vêem comprando livros ou jornais e passando horas lendo, em vez de vendo TV, podem ser inspirados a ler. Tudo pelo qual você tem paixão, inspira os outros.

Essa é a essência da liderança. A paixão produz inspiração. Se você pode inspirar pessoas, poderá influenciá-las. Através da inspiração, um líder pode motivar os seguidores a reajustar suas prioridades em prol de uma visão maior.

Oprah Winfrey é um exemplo de alguém que lidera por inspiração. Embora suas origens humildes possam ter sido um impedimento para outros, parecem ser um estabilizador em sua vida atual. Pode ser que este seja o motivo pelo qual ela ainda possui a habilidade de distribuir coisas, ajudar o povo e construir escolas. Está sempre elaborando projetos e auxiliando as pessoas. Acredito que é a sua forma de permanecer em contato consigo mesma e é uma grande inspiração, especialmente para as mulheres que a vêem como um símbolo do que querem realizar. Ao mesmo tempo, creio que as mulheres são atraídas por ela porque ela gosta de servir. Possui um espírito empreendedor, um grande exemplo de liderança servil. Um líder inspirado influencia pessoas.

Uma Razão para Existir

Então, de onde vem a paixão? Como podemos ter este tipo de paixão?

A paixão é motivada por uma visão, é fruto de uma convicção e produzida por uma percepção de propósito.

A primeira coisa que você precisa fazer é descobrir seu propósito. O propósito é a intenção original. Você tem de descobrir a intenção original para sua vida. A palavra *propósito* significa razão para a criação: "Intencionar, determinar ou planejar." O propósito é o motivo pelo qual nós existimos, aquilo que o Criador nos enviou para fazer.

Cumprimos nosso propósito através de persistência e perseverança. Paixão, um desejo profundo e comprometimento, alimentam o propósito.

Os líderes não buscam a liderança, porque estão muito ocupados buscando seu propósito. Os verdadeiros líderes não buscam seguidores; os seguidores são atraídos pelos verdadeiros líderes. A liderança é um privilégio nobre dado pelos seguidores inspirados, em parceria para realizar a visão compartilhada. Convicção, paixão e propósito atraem outros a indicar um líder. A verdadeira liderança tem muito pouco a ver com buscar e garantir seguidores e mais a ver com uma busca pessoal de uma percepção de propósito. A fonte de uma liderança bem-sucedida é esta paixão resoluta por uma visão, alimentada por uma convicção que produz uma sensação de comprometimento, obrigação. Essencialmente, um líder está disposto a buscar seu propósito mesmo se tiver de ir sozinho. Talvez esta seja a razão pela qual os líderes sejam motivados internamente. Eles vão em direção ao seu sonho mesmo sem "seguidores." Se um líder não está disposto a buscar seu propósito com uma paixão profunda o bastante para ir sozinho, este líder não é digno de ser seguido.

Madre Teresa costumava dizer, "Não espere por líderes. Faça-o sozinho, pessoa por pessoa."

Os outros líderes talvez não apareçam. Você é um líder solitário em sua paixão e convicção. Quando descobre sua paixão pessoal e está disposto a buscá-la a todo custo, nasce um líder.

A liderança é a descoberta de um propósito e uma visão que orientam os visionários *além das fronteiras da preservação pessoal*. A visão produz os verdadeiros líderes. A visão separa os líderes dos gerentes.

Todas as visões têm apenas um adepto inicialmente. Todos que ousam cultivar a liderança terão sua visão testada. Chegará a hora em que ninguém irá acreditar no seu propósito a não ser você. A liderança às vezes será assim.

A única pessoa que conhece seu propósito é Deus. Tudo que existe, incluindo os sapatos em seus pés e a cadeira na qual você se senta, tem um propósito, mas o seu propósito original está na mente do Fabricante. Se você não conhece o seu Fabricante, será difícil determinar seu propósito da melhor maneira. Sua vida não terá nenhum significado sem um relacionamento com Deus, porque Ele é o único que sabe por que o concebeu. Até você descobrir por que Deus o criou, você é um seguidor.

Para descobrir o propósito de Deus, você também irá precisar de Seu manual para nós, a Bíblia. Um dos mais poderosos textos bíblicos que eu já li contém a chave para a vida. Ele afirma, "Muitos são os planos no coração do homem, mas o que prevalece é o propósito do Senhor" (Provérbios 19:21).

Este versículo nos ensina três coisas:

O propósito é mais importante que os planos.
O propósito é mais poderoso do que os planos.
O propósito antecede os planos.

Olhe para a mente de Deus novamente. Deus diz que muitos são os planos no coração do homem, mas o Seu propósito irá prevalecer sobre todos os planos. Significa que Deus não está interessado em nossos planos. Está interessado em Seu *propósito* para sua vida. A palavra *plano* significa "esquemas, idéias e projetos." Você aparece com suas próprias idéias do que deseja ser, o que quer fazer, onde deseja viver, para onde quer se mudar, com quem deseja estar, para onde quer sair de férias, o que deseja estudar para sua carreira. Deus está dizendo, no entanto, "Espere um minuto, venha até a Mim primeiro."

Quantos foram para a faculdade e se formaram na área errada? Foram para a faculdade antes de consultar a Deus. Fizeram seus próprios planos. Então, tiveram de correr para Deus quando eles não se tornaram realidade. Deus está dizendo, "Antes de fazer planos para sua vida, consulte-Me para conhecer seu propósito." O plano é o que você cria. O propósito é o que Deus estabelece, então, para Deus, o propósito é mais importante do que os planos. Seus planos deveriam ser provenientes do propósito de Deus.

Quando você descobre seu propósito, torna-se imune ao seu passado. Quando você descobre seu propósito, torna-se imune à oposição. É como uma semente que foi germinada. Você já viu uma planta que rompe o concreto para crescer — uma árvore que surge em uma calçada ou em uma área de estacionamento? Talvez você já tenha visto uma árvore que se curva ao redor de uma barreira e continua a crescer do outro lado. É assim quando você encontra seu propósito. Você abre caminho à força, ultrapassando qualquer obstáculo para seguir sua visão.

Não importa o que as pessoas façam para tentar detê-lo, não conseguem porque você tem um propósito.

O propósito no seu interior é sua motivação. Com ele, é impossível pará-lo. Nada pode detê-lo.

Paulo disse, "Para isso fui designado pregador e apóstolo, mestre da verdadeira fé aos gentios" (1 Timóteo 2:7). Ele conhecia seu propósito.

Quem é um líder?

Líderes são simplesmente pessoas que se descobriram e decidiram se tornar quem realmente são.

Os líderes são apenas pessoas que ousaram ser quem o Criador as criou para ser e se empenharam em se revelar totalmente ao mundo através de seus dons.

A Força de Suas Convicções

O próximo passo é desenvolver a convicção. Uma vez que você descobre seu propósito, torna-se uma convicção. Você começa a acreditar que nasceu para fazer aquela coisa. É por isso que os líderes podem parecer possuídos. Eles se tornam seguros de si.

Qual era a convicção que nos fez seguir Nelson Mandela? Sua convicção de que os seres humanos são iguais era tão forte que o governo o mandou para a prisão. O Pastor Dr. Martin Luther King Jr. também foi para a prisão várias vezes e usou a experiência para defender seu argumento. Jesus foi preso, julgado e executado. O que é maravilhoso sobre o dom da convicção é que o carcereiro pode prendê-lo, mas não destruí-lo.

O propósito é mais poderoso que os problemas. É mais poderoso que a oposição, mais poderoso que a crítica. A crítica pode ser a prova de que você está avançando na direção de seu propósito. Seu propósito o separa da multidão. As pessoas que não estão indo a nenhum lugar querem que você permaneça igual a elas. Quando você descobre seu propósito, também descobre seu inimigo, e, às vezes, está em sua própria casa. Sua mãe, pai, esposa ou filho podem se opor a você e tornar-se um obstáculo. Você continua porque tem propósito e convicção.

A convicção leva à paixão. Um líder é uma pessoa apaixonada. Quando você encontra seu propósito, desenvolve uma paixão por ele. Quando você tem uma paixão, trabalhará nela sem parar, às vezes, sem comer, sem dormir, sem folgas nos fins de semana. É o seu lugar de liderança. Você está na sua área. No entanto, se você olha para o seu relógio mais do que olha para seu futuro, você é um seguidor.

Os verdadeiros líderes não têm limites no desempenho. São motivados pela conclusão. *"Está consumado,"* disse Jesus. A recompensa está na tarefa. Eles não se preocupam com pagamento ou horas extras. Não trabalham para eles mesmos, não trabalham por recompensa monetária. Se você está pronto para bater o relógio de saída todos os dias às cinco horas, você não é um líder no seu local de trabalho. Você é um empregado. Um seguidor. Talvez não esteja no seu lugar.

A Mente de um Líder

Quando os líderes descobrem sua paixão, começam a desenvolver comportamentos estranhos. O primeiro é uma atitude positiva, porque sua paixão lhe dá esperança. Seu propósito lhe dá respostas para a vida. Você subitamente percebe. "Nossa! Eu nasci para fazer algo sobre alguma coisa. Eu nasci para fazer isto!" Cada pessoa é uma resposta a uma pergunta. Você nasceu para responder a uma pergunta na terra e isso dá ao líder uma atitude positiva. O que você nasceu para fazer? As pessoas que descobriram seu propósito raramente ficam deprimidas. Podem ficar desencorajadas, porque possuem sonhos grandes. Não ficam deprimidas, contudo, porque sabem o que vão fazer a seguir. Há uma diferença entre ficar deprimido e desencorajado.

As pessoas que conhecem seu propósito nunca ficam entediadas. Sua maior reclamação é que vinte e quatro horas não são suficientes em um dia, porque encontraram algo maior do que a vida. Quando as pessoas com propósito ouvem os outros dizerem que estão entediados, elas se perguntam por que eles não conseguem encontrar alguma coisa para fazer.

A Bíblia fala sobre odiar o sono. Um grande homem, um homem com propósito, odeia o sono — dormir demais o torna pobre. "Não ame o sono, senão você acabará ficando pobre" (Provérbios 20:13).

Quando você encontra seu propósito e desenvolve uma paixão por ele, pode realmente detestar os fins de semana, porque o intervalo interfere em seu pique e energia. Certa vez, os alunos de Jesus, sabendo que ele estava cansado de uma longa viagem, encorajaram-no a comer um alimento que tinham obtido em uma cidade vizinha:

João 4:32–35
32 Mas ele lhes disse: "Tenho algo para comer que vocês não conhecem."
33 Então os discípulos disseram uns aos outros: "Será que alguém trouxe comida?"
34 Disse Jesus, "A minha comida é fazer a vontade daquele que me enviou e concluir a sua obra.
35 Vocês não dizem: 'Daqui a quatro meses haverá colheita'? Eu lhes digo: abram os olhos e vejam os campos! Eles estão maduros para a colheita."

Jesus era tão apaixonado por Seu propósito que este era mais importante que o alimento. Quando você encontra algo para fazer que é mais importante que a hora da refeição, você está se tornando um líder. Se você não pode pular o almoço ou atrasar-se para o jantar, talvez não ainda não seja o líder que precisa ser.

A paixão inspira os outros. A paixão é proveniente de sua visão. Você visualiza um plano para realizar seu propósito. Imagina o que pode resultar da missão. Prevê o produto final e pode vendê-lo aos outros para que o ajudem a realizá-lo.

Ronald Reagan, o ex-presidente dos Estados Unidos, tinha uma paixão por ver libertos aqueles que eram oprimidos pela ideologia comunista. O desejo de ver aquelas pessoas libertas o movia tanto que ele fez uma declaração para o líder da União Soviética que não parecia necessariamente política para alguém na sua posição: "Derrube este muro."

Um político não deveria dizer isto, mas naquele momento, ele não era mais um político. Era realmente um líder dos direitos civis. Nós não pensamos nele dessa maneira e nem sempre reconhecemos a importância do que ele fez. Ele provocou a destruição daquele regime e a liberdade de milhões de pessoas. Estava servindo aos interesses de outras pessoas e este é o motivo pelo qual ele é tão importante. Não, ele não equilibrou o orçamento. Não criou necessariamente uma forte economia, mas ele desafiou o mundo. A história, conseqüentemente, irá tratá-lo provavelmente de uma forma positiva. Ele é um daqueles líderes modernos a quem eu admiro como um exemplo de se entregar ao mundo. Você tem de correr riscos como líder e ele correu esse grande risco de sair e fazer algo que ninguém tinha pensado ser possível. E *foi* possível. Ele trouxe paixão à sua tarefa.

Melhor do que Dinheiro

Alguns dos maiores líderes do mundo são aqueles que lideram instituições de caridade. Quando as pessoas não são pagas para servir, devem ter alguma outra razão para fazê-lo. Liderar esse tipo de organização exige paixão. Exige convicção.

Você tem de ganhar o compromisso das pessoas sem dinheiro. As pessoas trabalham para você porque querem se envolver. Você tem de ter algo melhor do que o dinheiro, como inspiração. Jesus nunca pagou a seus discípulos nem lhes deu dinheiro algum, mas eles deixaram seus negócios para segui-lo.

Mateus 4:18–22
18 Andando à beira do mar da Galiléia, Jesus viu dois irmãos: Simão,
chamado Pedro, e seu irmão André. Eles estavam lançando redes ao mar,
pois eram pescadores.
19 E disse Jesus: "Sigam-me, eu os farei pescadores de homens."
20 No mesmo instante eles deixaram as suas redes e o seguiram. Indo
adiante, viu outros dois irmãos: Tiago, filho de Zebedeu, e João, seu irmão. Eles estavam num barco com seu pai, Zebedeu, preparando as suas redes. Jesus os chamou.
22 e eles, deixando imediatamente seu pai e o barco o seguiram.

Um exemplo de inspirar alguém a fazer o trabalho que você tem em mente envolve algumas das pessoas mais ricas do mundo. Bill e Melinda Gates construíram uma fundação que gasta bilhões para resolver problemas globais. Eles o fazem usando técnicas e métodos inovadores, aplicando não apenas sua fortuna mas também a sabedoria que obtiveram dos negócios mundiais enquanto dirigiam a Microsoft. Através da fundação, eles exercem tremenda influência. Isso poderia ser bastante admirável e um bom exemplo de liderança servil, mas a grande história é que eles inspiraram Warren Buffet, um dos mais ricos líderes de negócio, a dar à Fundação bilhões de seus dólares para uso em seu propósito.

Warren Buffet ficou admirado com a forma que eles administravam seu setor e viu que não era necessário reinventar a roda, criando uma outra coisa. Isto foi fruto de inspiração. Ele poderia ter guardado o dinheiro. Poderia ter encontrado um parente, amigo ou outra causa que o merecesse, mas Buffet não apenas compartilhou do propósito e da paixão dos Gates, mas também acreditou na sua visão.

Outro exemplo de líder servil foi Jimmy Carter. Muitas pessoas não o admiram nem o consideram o maior presidente dos Estados Unidos, mas ele era um líder com compaixão. No mínimo, ele queria proporcionar casas decentes às pessoas. Não tenho a menor dúvida de que ele agregou valor às pessoas. Sua compaixão era evidente e eu admiro isso nele. Ele é ainda freqüentemente chamado para trabalhar em prol da nação por causa da qualidade de compaixão e paixão que as pessoas sentem nele.

Um outro exemplo de líder servil é Billy Graham, o evangelista que dedicou sua vida à melhoria da vida de outras pessoas. Tudo que ele fez foi buscar o valor da alma da pessoa. Ele se entregou ao seu ministério. Até os presidentes da América o chamam para ajudá-los pessoalmente.

Todos estes líderes tinham propósito e paixão. Todos eles inspiraram pessoas a realizar sua visão.

Vestindo Toda a Armadura

Efésios 6:11
Vistam toda a armadura de Deus, para poderem ficar firmes contra as ciladas do Diabo.

Quais são algumas das outras ferramentas que um líder necessita? Aqui estão vinte qualidades que um líder deve ter para ser eficiente:

Otimismo — Uma vez que você descobre seu propósito, tem uma atitude positiva.

Energia — De repente, você tem muita energia para investir. Pode trabalhar praticamente sem parar.

Cordialidade — Você percebe que todos são importantes. Deus fez cada um à Sua imagem. Você ama todos e os trata com uma consideração cordial.

Integridade — Você pode ser verdadeiro consigo mesmo e conduzir todos os seus assuntos com integridade.

Confiança — A integridade leva os outros a confiarem em você. Você ganha confiança por ser digno dela.

Responsabilidade — Os verdadeiros líderes não param até o trabalho estar terminado. Nunca têm desculpas. Podem apresentar motivos, mas não desculpas.

Auto-Imagem — Os líderes não precisam de confirmação externa de seu valor. Sabem quem são e o que têm de fazer.

Conhecimento — Os líderes possuem um apetite insaciável por conhecimento, expandindo constantemente suas mentes. Um líder é um leitor. Um líder busca sabedoria.

Submissão — Os líderes devem ser seguidores também quando necessário. Eles devem se submeter à vontade de Deus, às altas autoridades, àqueles com maior conhecimento de um assunto, àqueles com uma área de dom diferente e, freqüentemente, à vontade das pessoas. Se seu carro quebra, você precisa se submeter ao mecânico.

Autodisciplina — A disciplina envolve atender aos critérios de um propósito maior. A autodisciplina exige critérios de excelência auto-impostos em função de um propósito maior. Exige mudança de comportamento, negar-se a si mesmo determinadas coisas para atingir algo maior. A palavra que Jesus usou para seus seguidores é "discípulos."

Moralidade — Um líder não pode ser eficiente se tiver defeitos morais. Isso mina a energia e destrói o propósito. Um líder não deve ter tempo para problemas pessoais ou maritais que prejudiquem sua missão. Ele mantém sua casa em ordem.

Amizade — Um líder precisa contar com as habilidades das pessoas e deve fazer com que elas se sintam atraídas por ele.

Você deve ser agradável e, além disso, deve gostar de pessoas. Como um líder, você nem sempre pode ser amigo de todos, mas pode ser amistoso.

Humor — Para ser um líder eficiente você tem de rir da vida e não levá-la muito a sério. O humor ajuda a ganhar pessoas para seu ponto de vista. Rir de si mesmo e divertir-se. Ser capaz de rir de seus erros e dos erros dos outros. Rir das coisas que de qualquer jeito você não pode controlar. Ser capaz de rir no meio da crise.

Resistência — Um líder tem de ser capaz de se recuperar de uma queda ou uma catástrofe. Ele lida com ela e se recupera.

Experiência — Um líder tem um histórico de sucesso. Um líder tem uma história. Os problemas que você está passando neste momento estão qualificando-o para a liderança. Não se apresse. Aprenda conforme avança, porque Deus o está preparando. Ele ainda não o completou. É uma preparação para a grandeza, enquanto você trabalha.

Criatividade — Os líderes conhecem mais do que uma forma de resolver o problema. Os líderes sempre desconfiam daqueles que dizem, "É deste jeito" ou "Nós nunca fizemos deste jeito" ou mesmo "Tem de ser feito do *meu* jeito." Um líder possui a habilidade de contornar um problema e vê-lo de vinte ângulos diferentes. Um líder aprecia novas abordagens, sugestões e idéias, mesmo que não sejam suas.

Flexibilidade — Os líderes não têm medo de mudança. Sabem se adaptar e fazer ajustes de acordo com as opiniões, necessidades e conforto dos outros. Ajustar-se aos outros ou a uma situação não é uma fraqueza.

Humildade — Um verdadeiro líder não se importa com quem leva o crédito. Os líderes estão mais preocupados com os resultados do que com reconhecimentos, elogios, prêmios e até agradecimentos pelo que fizeram.

Coragem — Um líder deve estar disposto a correr riscos, agir por instinto e agir sozinho quando ninguém mais for ajudar. Um líder também deve estar disposto a fazer a coisa certa, quando ninguém mais está, e tomar a iniciativa, quando ninguém toma uma decisão.

Conceitos — Líderes vêem a situação como um todo e não permitem que os detalhes se tornem uma sobrecarga. Os líderes têm a sensação de que são capazes de ver os conceitos que ninguém mais vê. Podem olhar para uma situação e ver os relacionamentos entre as peças, como as peças de um carro, como o fio do terminal relaciona-se com a bateria, a bateria com o motor e o motor com a missão de viajar.

Inventário das Ferramentas de Liderança

Líderes diferentes serão mais fortes em uma qualidade do que outra. Uns podem criar aquilo que lhes falta em um ponto, sendo fortes em outro, mas todos os líderes deveriam ter algum grau de força na maioria delas, senão em todas elas. Se lhe falta alguma qualidade, trabalhe nela. Integridade, confiança, moralidade, autodisciplina, especialmente, devem parecer óbvias, mas temos tido tantos escândalos na vida pública que devemos estar alertas em relação à nossa própria liderança e selecionar quem seguiremos.

Todas as qualidades — juntamente com as ferramentas essenciais para o propósito, paixão, convicção e inspiração — irão ajudá-lo a ser um líder preparado, designado, localizado em sua área de dom e capaz de oferecê-lo ao mundo.

Para determinar se você está pronto para cumprir sua tarefa, pergunte-se:

Eu posso inspirar pessoas?
Conheço meu propósito?

Qual é minha paixão?
Como mostro convicção?
Tenho integridade?
Sou confiável?
Corro riscos e recebo bem o desconhecido?
Tenho as qualidades de um líder?
Estou disposto a trabalhar naquilo em que sou fraco?

Os Benefícios da Liderança Servil

Quando você descobre seu propósito, pode se conectar com sua autoridade para cumprir seu papel de liderança. Você pode começar a se perguntar o que existe para você. "O que posso tirar disto? Quando posso começar a gostar de alguns benefícios deste trabalho?" Quando nosso trabalho terreno fornece coisas como plano de saúde, pensão e férias pagas, chamamos estas coisas de benefícios. Os benefícios da tarefa da liderança são de alguma forma diferentes e eles se tornam parte do arsenal que você precisa para realizar a missão.

Aqui estão alguns dos benefícios que a liderança fornece a você e àqueles a quem você serve:

Autenticidade / Autoridade

Os verdadeiros líderes servis exercem a autoridade que lhes é inerente para fazer o que nasceram para fazer e cumprir o seu propósito.

Quando você descobre seu dom, encontra seu campo de autoridade neste mundo. A autoridade é a habilidade inerente, natural não apenas para exercer seu dom, mas também para fazer o que você nasceu para fazer. Se você não estiver fazendo isso, está trabalhando contra sua própria autoridade e fazendo algo que seu Fabricante não o projetou para fazer.

Um pássaro que está voando é autêntico, porque está fazendo o que o Criador o projetou para fazer. O Criador projetou e autorizou o pássaro a voar.

Após a ressurreição de Jesus, Ele apareceu aos Seus alunos (que estavam prestes a se formar na escola de liderança e se tornarem colegas de trabalho Dele) e disse que já lhes tinha sido dada "toda autoridade" pelo Criador, o Pai; Ele estava lhes dando autoridade para irem treinar outros alunos que iriam aprender a ser colegas de trabalho também.

Mateus 28:18–20

18 Então, Jesus aproximou-se deles e disse: "Foi-me dada toda a autoridade nos céus e na terra.

19 Portanto, vão e façam discípulos de todas as nações. . .

20 ensinando-os a obedecer a tudo o que eu lhes ordenei. E eu estarei sempre com vocês, até o fim dos tempos."

Quando você descobre quem realmente é, e se sente capaz de continuar vivendo dessa maneira pelo resto da vida, então, você pode considerar-se autêntico. Há muitos líderes "não autorizados" neste mundo. Estão fazendo coisas que não nasceram para fazer. O motivo pelo qual têm de trabalhar tanto é porque eles não têm nenhuma autoridade naquela área. Um peixe está autorizado a nadar, de forma que nadar é fácil para ele. No entanto, se um peixe saltar de um penhasco íngreme e tentar voar, morrerá. A liderança não autorizada requer alta manutenção. É um trabalho duro manter algo que não estava destinado a ser.

É por isso que você deve encontrar seu dom, começar a trabalhar nele e deixá-lo crescer. Quando seu dom contribui para uma causa, já existe tudo o que você precisa para sustentá-lo.

Lucas 12:24, 27–28:
24 Considere os corvos: não semeiam nem colhem, não têm armazéns nem celeiros; contudo, Deus os alimenta. E vocês têm, muito mais valor do que as aves!
...
27 Observem como crescem os lírios. Eles não trabalham nem tecem. Contudo, eu lhes digo que nem Salomão, em todo o seu esplendor, vestiu-se como um deles.
28 Se Deus veste assim a erva do campo, que hoje existe e amanhã é lançada ao fogo, quanto mais vestirá vocês, homens de pequena fé!

As flores não precisam de vestido. Elas não trabalham. Não estão preocupadas com o pagamento do aluguel, empréstimos, alimentar os filhos e pagar a escola. Não estão tentando fazer nada além de serem flores, e Deus as vestiu maravilhosamente para isso. Os pássaros e os peixes têm tudo que precisam para cumprir seu propósito. O Criador quer que você seja você mesmo e cumpra o seu propósito. Quando você o faz, o Criador supre tudo o que você precisa.

Dois Pássaros

Um dia enquanto voava para a Austrália para falar em uma conferência de liderança, tive de fazer uma pequena escala em Atlanta, Geórgia. Quando me sentei perto da janela, olhando os aviões aterrissarem, de repente fui atraído pela chegada de um outro pássaro, uma gaivota. Observando fascinado, percebi que estava olhando dois pássaros em ação — um naturalmente nascido para voar e, o outro, uma imitação fabricada.

Um pássaro é autêntico, o outro, artificial. Um é original, o outro, uma cópia. Um com autoridade natural, o outro, com autoridade não natural.

A gaivota, voando nas correntes naturais do vento, pousou suavemente bem na frente do avião pesado que chegou para me levar ao próximo destino. Subitamente, mais de duas dúzias de homens e mulheres entraram em ação com máquinas, mangueiras, lanternas vermelhas de guia, geradores e outros equipamentos para fazer a manutenção do grande pássaro que se aproximava da passarela de embarque.

Ninguém foi até a gaivota.

Um dos homens correu para a frente do grande pássaro, dois para os lados, um agarrou a mangueira do ar-condicionado, um outro no vagão de combustível, um outro numa van de serviço de bordo e um outro aparelho para transportar objetos para dentro do avião; havia transportadores de bagagens, mecânicos, engenheiros e limpadores de cabine. Ninguém foi até a gaivota. O pássaro natural não precisava de ninguém para servi-lo. Ele não necessitava de nenhum fornecimento de oxigênio artificial, serviço de bordo, limpeza, combustível, etc. Foi incrível.

Nesse momento, eu aprendi uma das maiores lições da vida: quando você é natural e faz o que foi naturalmente criado para fazer, então, a manutenção é baixa. Se você tentar fazer algo que não nasceu naturalmente para fazer, precisará de alta manutenção e dependerá de sustento artificial. O custo da manutenção será excepcional.

Lá, na janela do aeroporto, aprendi novamente o poder da descoberta de sua área natural de dom e de se entregar ao desenvolvimento, refinamento e exercício desse dom. Se você tentar fazer algo para o qual não foi criado ou projetado pelo seu Criador para fazer, então, passará a maior parte de sua vida em manutenção e não em serviço. A vida torna-se uma luta, uma tortura e um fardo.

O pássaro é um líder na área de vôo e o faz sem manutenção pesada. Quando você encontra seu lugar e exercita seu dom a serviço do mundo, sua liderança torna-se natural e sem esforço.

Originalidade

Os verdadeiros líderes servis são originais, não cópias.

Até descobrir seu dom, você pode ser apenas uma imitação. Quando descobre quem você é, torna-se um original, não mais uma cópia. Como um líder, você é sem-par. Os líderes são auto-suficientes. Com isso, quero dizer que eles não retiram o significado de suas vidas de outras pessoas. São originais. A liderança servil nasce quando as pessoas descobrem sua própria autenticidade e naturalmente tornam-se únicas.

Confiança Genuína

Os verdadeiros líderes servis possuem uma confiança natural, proveniente de uma percepção de autoconhecimento, produzida por uma consciência de seu verdadeiro valor e potencial no mundo.

Quando você encontra seu dom, também encontra sua confiança. Esta confiança não é uma proteção contra sentimentos de inadequação; é genuína. Quando você exercita suas habilidades naturais, não precisa tentar impressionar mais ninguém. Não precisa se vangloriar. Você é quem é, concentrando-se no seu propósito, não na construção de seu ego.

O que geralmente torna uma pessoa insegura é a incompetência. Quando você tem um bom domínio da execução de algo, então, a confiança é natural. Aqueles que são inseguros irão, às vezes, interpretar essa confiança em você como arrogância ou orgulho, quando, de fato, é a expressão suprema da humildade, porque você não está tentando ser algo que não é; está sendo você mesmo. Ao compreender seu propósito e progredir, é possível saber exatamente quem você é e ter a certeza de que pode cumpri-lo, usando seus dons inerentes e naturais.

Realização Pessoal

Os verdadeiros líderes servis encontram satisfação ao

entregar seus dons aos outros, não por um preço, mas por prazer e realização.

Uma vez que você está buscando seu propósito e usando seus dons, experimenta o que é estranho a muitas pessoas: realização. Subitamente, você tem alegria, paz e satisfação, porque está fazendo o que nasceu para fazer. Está realizado porque usar seu dom já é uma recompensa para você. Está satisfeito com seu propósito. Você tomou posse de seu lugar de liderança.

Pode haver maior privilégio do que passar seu tempo fazendo algo que o agrada e agrada a Deus? Você está satisfeito porque pode usar sua área de dom e Deus está satisfeito porque você está cumprindo sua tarefa. As outras pessoas estão satisfeitas, porque você as está ajudando a cumprir suas tarefas. Se você ajuda os outros a conseguirem o que precisam, sempre terá o que necessita.

Valor Intrínseco

Os verdadeiros líderes servis extraem sua auto-estima de sua consciente convicção de que são importantes para o mundo e são obrigados a contribuir para a humanidade.

Quando você descobre quem é, compreende seu valor para o mundo e sua importância para a raça humana. Reconhece que tem uma contribuição a fazer.

O que é importante aqui é que seu valor não provém do mundo. Ao contrário, você dá seu valor ao mundo. Ele provém do reconhecimento de que você pode fornecer algo que ninguém mais na terra possui. Esta é a sua importância.

Quando você sabe quem é, não precisa impressionar ninguém. Não tem de provar nada para ninguém. Pode ser apenas você mesmo, compreendendo seu valor para o mundo.

Nenhuma Competição

Os verdadeiros líderes servis nunca se esforçam ou com-

petem com outros líderes, mas encontram prazer no sucesso dos outros e contribuem com seu dom para o sucesso deles.

Quando você descobre quem é, não há ninguém com quem competir, porque você é um original. Os êxitos ou dons das outras pessoas não o ameaçam porque você sabe que eles nunca poderão substituí-lo ou tornar-se você. Você não pode tomar meu lugar e eu não posso tomar o seu, então, a competição acabou. Usando nossa analogia anterior, a bateria não precisa competir com a vela de ignição, porque a bateria nunca suprirá a função da vela de ignição e vice-versa. Todas as peças precisam ocupar seus lugares e servir o motor com seus dons individuais.

Nenhuma Comparação

Os verdadeiros líderes servis elogiam, não se comparam aos outros. Sua percepção de valor lhes dá uma sensação de segurança que lhes permite nunca serem ameaçados pelo sucesso dos outros.

Quando você descobre quem é, torna-se distinto. Se você é um verdadeiro líder servil, não se compara a ninguém mais porque sabe que não há ninguém como você. Comparar você e seus dons com outras pessoas não é motivo de preocupação.

Não faz sentido comparar uma bateria com uma vela de ignição para tentar decidir qual é a melhor; ambas são únicas e necessárias. Da mesma forma, você não pode comparar dois líderes servis dentre executivos de empresas, professores, donos de lojas, veterinários, artistas, cabeleireiros, jornalistas ou economistas. Cada um tem seu lugar e ninguém é inferior ou excluído.

Dois líderes servis do mesmo campo podem realmente ajudar um ao outro a ter êxito, porque não podem prejudicar o seu sucesso mútuo. No entanto, as pessoas que não têm certeza de quem são permanecem inseguras e com sede de sucesso. Estão constantemente fazendo comparações de coisas como a dimensão relativa dos negócios, serviço, graus acadêmicos, renda e mesmo aparência.

Contudo, o que algumas empresas fazem? Elas têm tanta confiança na singularidade do que têm a oferecer que irão se estabelecer exatamente na mesma rua de comércio que vende para um consumidor semelhante. O McDonald's e o Burger King fazem isto. Lowe's e Home Depot fazem a mesma coisa. Cada uma delas tem produtos e serviços inigualáveis que lhes permitem fazer isso.

Em vez de se comparar com os outros, os líderes servis permitem que desenvolvam seus próprios dons e qualidades em plena capacidade.

Nenhuma Inveja

Os verdadeiros líderes servis alegram-se com o progresso e o sucesso dos outros. Compreendem e valorizam o dom e a contribuição que os outros trazem para suas vidas.

A liderança servil elimina naturalmente a inveja, porque quando você descobre sua autenticidade, sabe que é único. Você não pode ser eu e eu não posso ser você; nunca poderemos nos ameaçar reciprocamente. Seu lugar pertence a você e o meu me pertence.

A inveja só acontece quando você acredita que alguém pode tomar o que é seu ou tem alguma coisa que você não tem. Os líderes servis descartam isso, porque ninguém pode tomar seu propósito e dons. Você tem um valor infinito através de sua contribuição sem igual para o mundo.

Nenhum Medo

Os verdadeiros líderes servis expressam uma segurança e confiança tranqüilas que são conseqüência das convicções de que o líder é único e insubstituível para o mundo. O medo é a manifestação da insegurança, baixa auto-estima e uma falta de visão pessoal e percepção de propósito.

A liderança servil também elimina os sentimentos de medo. Você não tem de ficar assustado ou desconfiado com as atitudes dos outros. Sua convicção sobre você mesmo baseia-se em quem você é e o que lhe foi dado para fazer anula o medo de outros virem a sabotá-lo.

O Mestre disse, "Se vocês me amam, obedecerão aos meus mandamentos" (João 14:15 - Nova Versão King James). Ele não disse "Se vocês me temem..." Nós não podemos amar o que tememos. A condição para se fazer o que este Líder pede é amar, não coagir. Os líderes mais inseguros apresentam Deus como um tirano, a fim de fazer com que você tenha medo dele. Jesus de Nazaré ensinou que o Criador é nosso Pai e que nós não deveríamos nos preocupar com nada, como os lírios do campo. O Criador é um Pai, não alguém que deseja nos destruir. Do mesmo modo, não devemos promover o medo a fim de manipular os outros.

Paixão e Motivação Interna

Os verdadeiros líderes servis são motivados a partir de seu interior por sua paixão e propósito.

Quando você descobre seu dom e áreas de autoridade e autenticidade correspondentes, não precisa mais de estímulo ou motivação externa. Você reconhece sua tarefa. Descobre o que está destinado a fornecer ao mundo e pode ficar ocupado. Isso irá motivá-lo para o resto de sua vida. Sua paixão o desperta pela manhã, o enche de energia durante todo o dia e o mantém trabalhando em direção ao futuro com confiança.

Esta é a caixa de ferramentas do líder servil. Você está pronto para começar a colocar as ferramentas para trabalhar? Em primeiro lugar, você tem um pouco mais de trabalho a fazer enquanto refina os seus dons.

14

Refinar: Sendo uma Edição Limitada

"A chave para o sucesso é descobrir sua singularidade e importância."

Vamos dizer que você deseja abrir uma loja de sapatos, mas sua cidade já possui milhares delas. Como você vai fazer para que as pessoas venham à sua? As primeiras perguntas deveriam se concentrar em como sua área de dom aplica-se a este setor. "Onde está meu lugar de liderança?"

Você tem um dom inato em vendas, e já possui experiência em vendas de sapatos por atacado e varejo. Então, você tem de refinar sua idéia e tornar sua loja exclusiva. Você decide: "Vou vender somente sapatos para bebês e crianças até 2 anos de idade, porque eu faço isso bem, gosto muito de crianças pequenas, há muitas famílias jovens na região e sei que ninguém mais é especializado em sapatos para bebês."

Isso tornará sua loja única. Você fez seu plano de negócios, estudou o mercado e anunciou sua especialidade. Estabeleceu preços justos e armazenou uma ampla seleção. Decidiu vender a varejo em uma loja tradicional e em âmbito mundial via Internet.

Sempre que as pessoas quiserem sapatos para bebê, o primeiro lugar que pensarão será sua loja. Elas irão cruzar a cidade para conhecer sua seleção, preços e especialidade. Visitarão seu site comercial na Web e comprarão diversos sapatos para bebês. Contarão aos seus amigos. Você está preenchendo uma necessidade específica — oferecendo seu dom, especialidade, singularidade, conhecimento de sapatos ao mercado infantil. Não é uma coincidência que você esteja dominando o mercado e tendo um lucro considerável.

Cada um de nós se faz valioso para o mundo identificando um dom tão único que ninguém pode encontrar nossas habilidades e contribuições em nenhum outro lugar.

Vá a uma loja de descontos e olhe para as prateleiras de roupas. Dezenas de blusas, calças, vestidos enchem os cabides, mas todos parecem iguais. Este é o motivo pelo qual são tão baratos. A loja obtém seu lucro do volume de vendas. Em seguida, visite a melhor joalheria da cidade e é provável que você veja apenas uma de cada pedra preciosa em exibição. Cada pedra pode ser a única de seu tipo existente no mundo e o lapidário tomou cuidado para moldá-la e poli-la de uma forma que seu brilho raro será destacado. A singularidade torna as coisas valiosas. Da mesma forma, quando você aprende a refletir o seu dom exclusivo, será valioso para o mundo.

Ser diferente — raro, exclusivo, único, uma edição limitada — torna as coisas caras, preciosas e desejáveis.

Até o ouro tem pouco uso em sua forma bruta. Requer um processo de refinamento para expor sua beleza e pureza. Mesmo o petróleo, valioso como é, também precisa ser refinado de sua forma bruta para que se torne útil para nós. Do mesmo modo, devemos refinar nossos dons para torná-los valiosos de maneira que possamos oferecê-los aos outros de forma eficiente e bem-sucedida.

Refinar possui diversos significados. Significa estar livre de impurezas, imperfeições ou asperezas. Também pode significar remover toda *imperfeição moral* ou melhorar através da introdução de *requintes ou distinções.*

Valor + Refinamento = Sucesso

Alguém me perguntou, "Qual é a chave para o sucesso?" Eu disse, "Se você quiser ser bem-sucedido, em primeiro lugar, pare de buscar sucesso." Valor mais refinamento é igual a sucesso. O sucesso é se tornar uma pessoa de valor. Pare de tentar ser bem-sucedido; procure ser uma pessoa de valor. Torne-se valioso para o mundo.

Você se torna valioso ao ser tão exclusivo que as pessoas não podem encontrar nada igual a você ou ao seu produto em nenhum outro lugar. Sua singularidade o torna valioso. Quando você se torna valioso, as pessoas virão até você por causa de seu dom. Você não precisa procurar o sucesso. O sucesso resultará de seu valor para os outros. Você terá êxito ajudando os outros a alcançarem sua missão e suprindo suas necessidades.

O valor é a chave para a liderança servil.
O valor é determinado pela singularidade refinada.
O sucesso é tornar-se uma pessoa de valor.

Um Visitante Inesperado

Les Brown é um famoso autor e conferencista motivacional nos Estados Unidos. Ele tinha lido meus livros e estava usando alguns de meus materiais. Quando chegou às Bahamas há muitos anos, perguntou ao motorista de táxi, "Você conhece o Dr. Myles Munroe?"

O motorista disse, "Conheço."

Brown disse, "Leve-me à sua casa."

Em virtude da ilha ser muito pequena, todos sabem onde todo mundo vive. O motorista o levou à minha casa. Minha governanta me chamou em meu escritório para dizer que havia um homem em minha casa que queria me encontrar. Seu nome era Les Brown.

"Quem é Les Brown?" Eu pensei e, então, disse: "Coloque-o no telefone."

Este homem estava em minha casa falando comigo em meu próprio telefone. Ele disse, "Eu sou Les Brown," e explicou quem era.

Eu disse, "Ah, sim, acho que eu o conheço. O que você está fazendo em minha casa?" Ele me contou sobre o seu interesse em meu trabalho.

Apressei-me e ficamos conversando durante toda aquela tarde. Ele me fez uma série de perguntas — perguntas acerca de minhas obras e sobre meus conceitos de valor humano. Como consegui entender princípios que ele considerava muito profundos? Ele queria conhecer meu segredo para compreender estas coisas. Compartilhei minhas convicções com ele e tornamo-nos muito bons amigos, até trabalhando ou aparecendo juntos em uma ocasião — sempre tentando melhorar a situação de nossos concidadãos seres humanos.

Les Brown já era famoso de seu próprio jeito. Ele poderia ter descoberto o que compartilhei com ele de uma outra maneira. Contudo, saiu do seu caminho para me encontrar, porque estava determinado a *refinar* sua própria mensagem.

Quando você conhece seu *propósito,* irá procurar outros que podem ajudá-lo. Viajará uma grande distância para encontrá-los. Tentará aprender o que os outros têm a dizer sobre o que você faz. Lerá tudo que chegar às suas mãos. Nunca irá acreditar que já sabe tudo que existe sobre seu propósito. Aqueles que encontraram seu lugar e estão servindo o seu dom continuam a refiná-lo.

Atribuindo Valor a Você

A busca do *sucesso* está na nossa psique, especialmente nos campos dos negócios e do governo. Contudo, o sucesso na liderança — para qualquer um, em qualquer área da vida — depende de uma percepção de valor pessoal para o mundo.

Com freqüência temos dificuldade em compreender o conceito de valor pessoal. Se uma outra pessoa merece nosso respeito e honra, não significa que ela é superior a nós. Muitas de nossas sociedades promovem o culto à personalidade — idolatrando celebridades do entretenimento, esportes, negócios e até religiões. A Internet está até ajudando a criar celebridades instantâneas; pessoas que nós nunca tínhamos ouvido falar um dia antes. Ouvimos infinitas fofocas degradantes, publicidade pessoal e detalhes íntimos sobre pessoas que, com freqüência, são famosas só por serem famosas, não por um grande talento. Nossas crianças passam inúmeras horas tentando olhar, parecer ou viver como estas celebridades.

Idolatrar ou adorar um outro ser humano é um sinal de que você não acredita que é muito valioso. Para ser um líder servil, você deve compreender que nenhum outro ser humano no planeta é mais — ou menos — valioso do que você. Se alguém sugere que é mais valioso do que você, minha recomendação é que você evite essa pessoa.

A maior descoberta na experiência humana é a autodescoberta, porque provém da compreensão de nossa origem no Criador, nosso valor natural e a maneira pela qual devemos cumprir nosso propósito de liderança pessoal. A liderança pessoal é uma tarefa divina para a qual Deus o projetou e criou. Seu estilo de liderança torna-se real quando você descobre e começa a viver de acordo com sua verdadeira natureza.

Quando você descobre quem realmente é, as opiniões das pessoas sobre você subitamente caem por terra. Eu descobri que a maior libertação do mundo não é a libertação dos espíritos maus, mas das outras pessoas. Uma postura de liberdade e confiança é um subproduto de nossa autodescoberta.

Os verdadeiros líderes servis possuem uma percepção de obrigação divina para a melhoria da humanidade. Acreditam que têm um débito para com sua geração e estão empenhados em pagá-lo. Mas você não pode ajudar as pessoas quando ainda precisa da aprovação delas. Tem de se libertar primeiro, e, depois, poderá ajudá-las.

A única forma de se descobrir é descobrindo o Criador. Você e seu Criador são da mesma natureza. Sua vida na terra não fará nenhum sentido se você não se conhecer. E apenas o Criador o conhece verdadeiramente, porque ninguém conhece melhor um produto do que o seu fabricante. Uma vez que apenas seu Criador sabe por que Ele o criou, você tem de ir até Ele para descobrir seu verdadeiro eu.

A verdadeira liderança é mais a descoberta do eu do que uma posição a se atingir.

A liderança pessoal não é uma questão de *emprego* ou de *posição* numa empresa, mas sim de ser *proativo.* Significa "*entrar em ação*" na sua geração, para o benefício de todas as gerações futuras. Um empregador deveria contratar pessoas com a compreensão de que ele está oferecendo uma oportunidade para elas empregarem seus dons, tornando-os melhores e maiores. Um emprego é uma oportunidade de ser pago para refinar e utilizar seus dons no interesse de servir a visão e a missão de sua organização.

A chave é *estar consciente* de que você tem uma contribuição a fazer para o mundo que ninguém mais pode fazer, que o Criador lhe concedeu um dom para dar para a humanidade que ninguém mais pode dar. Jesus sabia, por exemplo, que Ele veio para a terra para resgatar a humanidade. Isso lhe conferiu uma importância suprema para a raça humana. Ele enfatizou Seu propósito diversas vezes:

Lucas 19:10
Pois o Filho do homem veio buscar e salvar o que estava perdido.

Mateus 20:28
Como o Filho do homem, que não veio para ser servido, mas para servir e dar a sua vida em resgate por muitos.

O mundo precisava desesperadamente dEle. Seu conhecimento de valor O tornou um servo confiante do Criador-Pai. Ele sabia que tinha de revelar Seu dom ao mundo.

Tome uma Atitude

O sucesso da liderança pessoal depende de uma atitude de liderança servil que é proveniente da compreensão do nosso valor para os outros. Pedro, um dos formandos do curso de liderança de Jesus, compreendeu perfeitamente isso. Ele escreveu, "Pastoreiem o rebanho de Deus que está aos seus cuidados. Olhem por ele, não por obrigação, mas de livre vontade, como Deus quer. Não façam isso por ganância, mas com o desejo de servir. Não ajam como dominadores dos que lhe foram confiados, mas como exemplos para o rebanho" (1 Pedro 5:2–3).

Somente quando estamos convencidos de nosso valor para o mundo é que somos capazes de servir aos outros de bom grado, avidamente, fielmente e com integridade. Juntamente com tal postura de serviço, as *qualidades* da liderança servil pessoal devem ser manifestadas na vida de um líder. Estas qualidades são as qualidades de nosso Criador. O teólogo do primeiro século Paulo escreveu uma carta aos líderes servis do Criador na província romana da Galácia, relacionando-as. "Mas o fruto do Espírito é amor, alegria, paz, paciência, amabilidade, bondade, fidelidade, mansidão e domínio próprio" (Gálatas 5:22–23).

A liderança servil não faz exigências para as pessoas nem as trata de forma grosseira. Ao contrário, serve ao mundo com essas qualidades ou frutos do Espírito.

Valor Percebido

A chave para liderar os outros é que eles percebem seu dom como significante. Você é significante se tiver refinado e desenvolvido seu dom ao ponto dos outros o desejarem, cientes de que somente podem recebê-lo se forem até você. Eles vêem que você é o único que pode atender àquela necessidade específica. Se você tem mercadorias ou serviços a oferecer, deve demonstrar que foram refinados e são exclusivos.

Quando você quer um Big Mac, não pode ir ao Burger King; e quando você quer um Whopper, não pode ir ao McDonald's.

Essas são companhias com vendas anuais de bilhões de dólares, sendo que ambas vendem sanduíches. Elas estabeleceram uma ciência. Você não pode reproduzir estes sanduíches ou fazê-los em sua própria casa. Estas empresas refinaram seus produtos e tornaram-se significantes para os consumidores.

Da mesma forma, todo ser humano vem equipado com um dom único que possui valor, que o torna significante para o mundo. Isso é igualmente verdadeiro se você acabou de se formar no Ensino Médio ou tem 50 anos de idade e um curso PhD. Se você quiser ser um grande líder, encontre seu dom e ofereça-o ao mundo.

Como você notou, a educação sozinha não lhe dá um dom, mas pode ajudá-lo a refinar um dom. Muitos de nós desperdiçamos tempo estudando coisas que não se relacionam com nossa área de dom. Muitos se formaram em algo que odeiam. Fazemos isso por causa de nossos pais, professores, pregadores ou orientadores que nos dizem que ganharemos mais dinheiro ou teremos um futuro mais seguro se estudarmos o que eles dizem que é uma coisa promissora.

"Eu sei que você quer ser ator, mas é melhor se formar como professor – só por garantia."

"Eu sei que você quer escrever poesias, mas por que não se forma em contabilidade — só para ter em que se apoiar."

"Talvez você não consiga ser um artista. Por que não se forma em enfermagem ou vai para uma escola de secretariado?"

Um pai pode dizer a seu filho, "Estou pagando sua escola, então, você tem de estudar isto em troca." Como pai, você pode não perceber o que o Criador deu a seu filho. Cultive seus interesses. Observe a paixão de seu filho e incentive-o. Os jovens não deveriam fazer a faculdade que seus orientadores ou pais lhes dizem, ainda que seja "um dos campos de crescimento mais rápido." Deviam estudar a matéria de sua paixão.

Não se forme em algo que você detesta. Seu diploma universitário pode destruí-lo. O trabalho o levará ao estresse, tensão e pressão alta. Isso é como pagar para obter um diploma de doença. Pelos mesmos motivos as pessoas não deveriam apenas procurar empregos, mas procurar seu propósito. Você deve encontrar sua paixão e estudá-la.

Lembre-se destes pontos:

Não trabalhe por dinheiro.
Trabalhe por realização.
O sucesso financeiro virá depois.

O segredo da liderança servil é saber que sua liderança está no seu dom de valor. Lembre-se da sabedoria de Salomão: "O presente abre o caminho para aquele que o entrega e o conduz à presença dos grandes" (Provérbios 18:16 – Nova Versão King James). Ele não disse que a educação da pessoa ou mesmo seus contatos abrem caminho para você no mundo, mas o *dom* do homem. Quando você refina o seu dom e realmente trabalha nele até que se torne significante, o mundo abrirá caminho para você.

As Oportunidades o Encontram

Ron Kenoly, um famoso cantor e músico, contou-me que por dezessete anos serviu como líder de louvor em uma igreja na Costa Oeste. Disse que trabalhou duro, desenvolvendo e compondo músicas. Um homem veio à igreja um dia e ficou no fundo. Ouviu Ron e a equipe de louvor. Após o culto, ele chegou e cumprimentou o pastor.

O pastor disse, "Quem é você?"

O homem disse que era presidente de uma gravadora. "Estou na região," ele disse. "Vim visitar sua igreja. Quem é aquele rapaz?" Ele perguntou, olhando para Ron Kenoly. Mas ele também poderia ter dito, "Quem é aquele diamante?"

Ron contou-me que tinha estado tão ocupado divertindo-se, servindo seu dom na igreja local que nunca pensou em grandeza. Estava oferecendo seu dom aos adoradores.

O pastor o chamou e o apresentou ao visitante, que disse: "Eu gostaria de falar com você por alguns minutos, com você e com seu pastor." Eles foram para o escritório e conversaram.

Kenoly disse que em cinco minutos o estranho disse, "Eu vou oferecer-lhe um negócio de gravação. Nós gostaríamos de vir aqui, trazer todo nosso equipamento e gravar um concerto ao vivo. Queremos colocá-lo em nossa gravadora."

O primeiro álbum de Ron, *Jesus Is Alive,* foi gravado em sua igreja, a Jubilee Christian Center em San Jose, Califórnia, em 1991 pela gravadora Integrity/Hosanna [consultar a Wikipedia], e ele gravou mais de meia dúzia de álbuns gospel bem-sucedidos desde então. Agora ele lidera o Ron Kenoly

Ministries International e a Academy of Praise, localizada em Orlando, na Flórida.

Minha própria carreira ganhou um incentivo semelhante a partir de um acontecimento inesperado — uma oportunidade divina. Estava em meu escritório, que na época era uma sala de 9 metros quadrados em um shopping, quando recebi uma ligação. Alguém me pediu para falar em uma conferência por uma noite, porque o principal palestrante não poderia comparecer. Eu disse, "Claro."

Estava acostumado a falar para duzentas pessoas. Quando cheguei à reunião, percebi que quinze mil pessoas estavam presentes! Falei, sem olhar para uma anotação, porque o que eu estava ensinando havia sido refinado durante quinze anos. Uma rede de televisão compareceu, e tenho estado na televisão desde então. Seu dom abre caminho para você, quando você o oferece ao mundo.

Quanto melhor você se tornar no seu dom, entregando-o, mais pessoas serão atraídas a você. Os verdadeiros líderes não buscam seguidores. Os seguidores buscam os líderes. E, o mais importante, os líderes buscam outros líderes que possam ajudá-los em sua área especial de dom. É quando essa combinação magnética entra em ação. Jesus maximizou Seus dons de forma tão eficiente que as pessoas andavam em busca deles. Os seguidores, na verdade, não seguem os líderes; buscam o dom que está sendo oferecido.

Quando seu dom torna-se refinado, aqueles que precisam dele irão procurá-lo e pagarão a você para que dê de si. As pessoas virão procurá-lo para comer de sua árvore, e até lhe pagarão pelo fruto. Sua prosperidade está no seu dom, não no seu salário.

"O que você faz quando tem mais de um dom?" Desenvolva todos, mas maximize um deles. Lembre-se do antigo ditado "Faz de tudo um pouco, mas nada direito." Nunca abandone nenhum de seus dons, mas *domine* pelo menos um. E use seus dons junto com outros, enquanto se concentra em um. Seu dom principal torna-se sua contribuição significante. Passei muito de minha vida desenvolvendo dons musicais e estudei arte. Ainda uso minha música e, às vezes, pinto para meus amigos, mas maximizei meus dons de comunicação para enfocar a missão de desenvolver líderes.

O Ambiente Certo

Parte do processo de refinamento de seu dom poderia ser decidir se as circunstâncias atuais lhe permitem descobrir quem você realmente é. Você pode desenvolver sua liderança onde está?

Suponha que eu coloque uma maçã no peitoril da janela e deixe-a lá por cinqüenta anos. O que acontece? Nada. Há uma árvore naquela semente? Sim, mas você tem de tirá-la do peitoril da janela e colocá-la na terra das possibilidades. Tome uma decisão agora sobre o que você está fazendo para se manifestar ao mundo. Você abençoará o mundo com seu fruto e gerará a bênção do Criador.

Estar no ambiente e atmosfera certos é muito importante. Um pássaro não pode voar se você o mantém em casa, trancando em uma gaiola de 60 cm x 60 cm — algo parecido com seu emprego. Você é capaz de fazer grandes coisas, mas seu emprego o prende num cubículo que mede talvez 1,5 m x 1,5 m se você tiver sorte. Você está exatamente como o pássaro na gaiola ou um peixe em um aquário. Deus não criou o peixe para estar em sua casa em um pequeno aquário para que você possa observá-lo ou mesmo em um grande aquário. O Criador projetou o peixe para estar no oceano, desfrutando da imensidão ilimitada do mar. Nós aprisionamos cinzas em um recipiente assim como alguns empregos aprisionam pessoas.

Você pode até mesmo estar aprisionado em um casamento. Este é o motivo pelo qual a Bíblia diz, "O casamento deve ser honrado por todos" (Hebreus 13:4). A palavra *honrado* significa "altamente estimado, altamente respeitado," e para ser "considerado com julgamento sóbrio." Você pode sonhar tão alto quanto quiser, ir tão longe quanto desejar, mas se você se casar com a pessoa errada, sua casa irá se tornar a jaula de um pássaro.

Antes de se casar, fale com a noiva potencial afortunada e diga-lhe, "Antes de seguirmos adiante, gostaria de avisá-la do quão alto planejo voar — só para o caso de você ter alguma idéia de construir uma jaula ao redor de minha vida. Eu sou uma águia. Se você for uma pomba, vá para outro lugar." Se você for uma águia, não se case com uma pomba. As pombas não voam para os locais para onde as águias voam.

Talvez seus pais se oponham aos seus planos de carreira. Embora tenha de respeitá-los, você também tem de viver sua vida. Você conhece seu coração e seu dom. Se for certo para você, eles terão de aprender a viver com isso. Você tem de conduzir os negócios do Pai. Então, pode ter de deixar sua casa e sem o apoio de seus pais entrar no ambiente certo, mas tem de fazer o que precisa ser feito. É importante que você seja verdadeiro consigo mesmo e busque sua paixão e visão pessoal, porque esta será sua única fonte de realização. Esta paixão é o seu contexto de contribuição para a humanidade. O que quer que você tenha sido criado para fazer, o Criador é obrigado a suprir as provisões para sua tarefa, então, seja persistente.

Talvez você precise de muitos anos de escolaridade para fazer melhor uso de seu dom. Seu dom poderia ser a música. Você é naturalmente dotado. Tem capacidade de identificação musical. Toca de ouvido e canta como um rouxinol, mas para usar este dom de forma eficaz, para tocar em um nível profissional, compor música que os outros possam reproduzir, ou ensinar as pessoas na igreja ou em uma faculdade, você precisará estudar música formalmente. Precisa entrar na escola de música certa ou tornar-se um aprendiz com o técnico de voz certo. Poderia ter de adquirir experiência com diversas orquestras ou viajar para a Europa para estudar nas casas de ópera certas. Você tem de estar no ambiente certo para manifestar o dom. Mesmo se quiser se especializar, ainda terá necessidade de ampliar seus horizontes. Você pode ter de aprender música clássica e música popular e tradicional, mesmo se planejar passar sua vida dirigindo ou tocando em um coral gospel. Da mesma forma, se você estiver planejando dedicar sua vida à música clássica, terá provavelmente de ter uma compreensão de música folclórica, religiosa, jazz e blues.

Você está carregando seu futuro como se fosse uma mulher grávida. Deve se desenvolver; deve passar seus nove meses; talvez experimente algum enjôo e dor. Se você não conseguir perseverar durante os enjôos matinais, não chegará a desfrutar do riso do bebê. Quando minha esposa estava grávida, dizia: "Eu me sinto tão mal." Mas você não pode desistir porque se sente mal. Não pode desistir, porque o bebê está demorando muito para chegar. Tem de passar pelo processo até o nascimento de seu dom de liderança refinado.

Como uma grávida que tem de ter diferentes roupas, porque teve de deixar suas roupas normais, você pode ter de se desprender de algumas pessoas. Alguns que começaram com você antes da gravidez não podem ficar por perto quando você estiver grande. Às vezes você precisa de pessoas diferentes à sua volta. Precisa de parteiras, não de críticos. Algumas pessoas estão com você na concepção, mas não podem lidar com o crescimento. O processo de nascimento não é fácil.

Passos e Ações

Você tem muito trabalho a fazer antes de poder determinar seu local de liderança. Como você vai obter a posição?

Em primeiro lugar, separe algum tempo para estudo, oração, meditação e leitura tranqüila. Faça disso um projeto. É assim que você se descobre e começa a discernir o propósito de seu Criador. Você não pode liderar se não puder ouvir a vontade de Deus para você e se não puder ouvir seu próprio pensamento.

Seu estilo de liderança, o espírito de liderança que há em você, irá se tornar real quando você descobrir e começar a viver de acordo com sua verdadeira natureza. Você e o Pai são um, porque você é a própria imagem de Deus. A única maneira de se descobrir é descobrindo a Deus.

Para se preparar para liderar você deve:

Passar um tempo sozinho, pensando
Escrever seus desejos e visões
Ler livros sobre liderança e outros tópicos
Identificar as pessoas que querem ajudá-lo
Tirar proveito das oportunidades para aprender
Desenvolver um plano para cumprir seu propósito
Preparar-se para realizá-lo
Oferecer seus serviços

Estes passos são partes necessárias para o refinamento de seu dom, porque:

O Criador revelará seu propósito somente se você tiver uma paixão e conhecê-la. Se você não tiver desejo de descobrir seu dom, provavelmente nunca o encontrará.

O Criador somente irá lhe dizer o que você quiser saber. Se você não desejar a informação, Ele não irá forçá-lo. Eu vim a acreditar que Deus somente fornece informações quando se quer recebê-las.

O Criador irá apenas mostrar-lhe o que você quiser ver. Se você não quiser ter uma visão para sua vida, não obterá uma.

O Criador somente irá levá-lo até onde você quiser ir. Se você não quiser ir adiante, permanecerá onde está.

Uma das formas destes conceitos terem sido provados para mim não é apenas por experiência, mas também pelas declarações que o próprio Criador fez. "Vocês me procurarão e me encontrarão quando me procurarem de todo o coração" (Jeremias 29:13). Muitas pessoas pensam que porque Deus está em todos os lugares, é sempre fácil de "encontrá-Lo." Não é assim. Nós temos de estar dispostos a buscá-Lo. Não podemos apenas buscá-Lo displicentemente, mas devemos buscá-Lo com todo nosso coração.

O quão disposto você está a conhecer seu propósito? Isso é o que o Criador está sempre verificando. Este é o motivo pelo qual os fariseus nunca conseguiam entender Jesus. Eles tinham decidido que já o conheciam o bastante. Não queriam conhecer mais a Jesus do que suas pressuposições os levavam a pensar. Eles eram aqueles sobre os quais o profeta Isaías falou: "Ainda que estejam sempre ouvindo, vocês nunca entenderão; ainda que estejam sempre vendo, jamais perceberão. Pois o coração deste povo tornou-se insensível; de má vontade ouviram com seus ouvidos, e fecharam os seus olhos" (Mateus 13:14–15).

Você realmente deseja conhecer seu propósito? Diga ao Criador que você quer saber mais. Ele abrirá sua mente.

Você precisa passar tempo com o Fabricante e dizer, "Apresente-me a mim novamente." Você precisa receber a visão original que Ele tinha para sua vida. Leve tudo o que você pensou que era e entregue para Ele. Deixe-O mostrar-lhe algo que você nunca viu antes.

A Declaração da Visão

Lendo este livro, você já começou o processo de aprender a ver o que você nunca viu antes — como refinar seu propósito e encontrar seu lugar de liderança. Você está pronto para começar a escrever seus sonhos e a colocar seu propósito no papel. Para definir seu lugar de liderança e refinar sua singularidade, tente este exercício de declaração da missão ou "declaração da visão:"

Escreva suas respostas às seguintes perguntas:

Meu propósito: por que eu existo? Qual é o plano de Deus para mim?

Minha visão: qual é o final ou resultado que eu prevejo?

Minhas metas: o que eu planejo fazer? O que quero fazer? Como posso torná-lo sem-par?

Meus objetivos: por que estou fazendo isso? Quais são minhas razões e motivações?

Meu plano: como eu farei isso? Com quem? Quando? Onde?

Minha estratégia: como posso refiná-lo? Quanto tempo levará? Qual é o meu cronograma? De quais recursos precisarei?

Algumas respostas serão mais importantes do que outras, dependendo de seu lugar de liderança específico. Reformule suas respostas em uma breve declaração da missão ou "declaração de liderança." Separe um tempo para reescrevê-la e refiná-la tantas vezes quantas forem necessárias até que você possa declará-la em um ou dois parágrafos ou de modo conclusivo em uma sentença.

O exemplo de Cristo é: "Como o Filho do homem, que não veio para ser servido, mas para servir e dar a sua vida em resgate por muitos" (vide Mateus 20:28).

Eu poderia expressar a minha assim: "Eu ensino princípios de liderança servil para ajudar as pessoas a encontrarem e refinarem seu lugar de liderança, oferecerem seus dons em benefício da humanidade e ajudarem a criar o mundo que Deus tinha em mente."

Outra pessoa poderia dizer, "Eu vivo para o golfe. Sou bom nisso e jogo profissionalmente para dar prazer aos outros."

"Eu conto piadas para fazer as pessoas rirem e se esquecerem de seus problemas por alguns minutos."

"Eu sou especialista em vendas de sapatos para o mercado de bebês e crianças pequenas em lojas e na Internet para monopolizar este mercado, ter lucro e servir às famílias jovens.

"Eu ensino os princípios de não-violência para libertar meu povo e curar uma nação."

Mantenha sua declaração onde possa vê-la e se referir a ela muitas vezes. Esta é uma base para sua tarefa de liderança.

Agora você está pronto para explorar sua visão.

15

Prever: Ordenando Meus Passos

"O maior Dom dado à humanidade é o dom da Visão, e não o da vista."

Como você sabe que a visão que você tem para sua vida provém de Deus? Como distinguir entre ambição pessoal e visão divina?

A resposta a essas perguntas é simples: se sua visão melhorar apenas sua vida, concentrar-se somente em suas necessidades e realizar apenas seus sonhos íntimos, esta *não* é uma visão divina. Qualquer visão divina, motivada pelo Criador, irá melhorar as vidas daqueles ao seu redor. A liderança servil diz respeito aos outros e não a nós mesmos. Liderança servil significa ser você mesmo em benefício dos outros. A verdadeira visão irá sempre aprimorar e beneficiar os outros, nunca prejudicá-los ou destruí-los.

A verdadeira visão não existe em benefício do visionário, como o carro não existe para se levar a si mesmo por aí. Sua visão poderia ser ter uma casa grande, mas esta não é uma visão de Deus — a menos que Ele queira que você a tenha para encher de sem-tetos ou de crianças órfãs por causa da AIDS. Se sua visão for ter um carro grande, esta não é uma visão de Deus — a não ser que Ele queira que você transporte os necessitados, doentes e idosos para que obtenham assistência médica. Seu desejo de ter uma grande casa ou um grande carro é uma ambição, não uma visão. Uma verdadeira e autêntica visão sempre serve a humanidade para torná-la melhor. *Sempre irá ajudar a melhorar a humanidade, desenvolver pessoas, beneficiá-las.* Se for assim, é provavelmente uma visão de Deus.

Vender drogas não é uma visão de Deus. Roubar propriedades não é uma visão de Deus. Uma visão de Deus sempre irá beneficiar outras pessoas. Uma mulher me disse certa vez: "Minha paixão é me tornar modelo." Eu lhe perguntei, "OK, por quê?" Quando ela não pôde responder, eu lhe disse: "Então, esse não é o chamado de Deus para sua vida. Se você não pode dizer como isso irá beneficiar a humanidade, é melhor conferir com Deus novamente."

A visão provém de seu propósito. O propósito é o motivo pelo qual você nasceu. A visão surge quando você vê seu propósito. Quando você pode sentir seu propósito, pode perceber sua visão.

Por exemplo, você pode ter uma paixão que provém de seu desejo de ajudar as crianças. Você simplesmente adora crianças. Fica bravo ao vê-las feridas. Isso é um sinal: seja o que for que o deixa bravo, provavelmente está ligado ao seu propósito.

Sempre que você diz, "Alguém precisa corrigir isso… alguém deveria fazer alguma coisa a respeito disso," Deus está revelando seu propósito. Você é esse "alguém. Você sente essas coisas por causa das crianças. Não consegue entender o que é isso. Não sabe o motivo, mas simplesmente detesta ver criança abusadas, desobedientes e perdidas. Isso realmente o consome. A pessoa perto de você não se incomoda com isso, mas ver crianças sofrerem pode fazê-lo chorar. Você nem sequer conhece as crianças. Quando você percebe visões de como pode fazer mudanças, quando começa a visualizar imagens mentais do que pode fazer sobre isso, você está sendo movido pela visão.

Ter um campo de visão mais amplo de sua área de dom do que os outros é parte de seu dom como líder. Quando você serve sua visão aos outros, eles são beneficiados. Você nasceu com uma visão e sua paixão na vida é trazer à tona esta visão em prol da humanidade. Quando você se torna um visionário apaixonado pelo benefício dos outros, você é um líder.

No que diz respeito à sua área de dom, eu o seguirei porque você me mostrou uma imagem do mundo como o vê. É uma visão merecedora de minha cooperação com você. Você me fez ver o valor de trabalhar com ou através de você para completar esse quadro que você pintou. Posso ver para onde você está me levando.

Lembre-se que no Capítulo 13 nós aprendemos:

A paixão é motivada por uma visão, nascida de uma convicção e produzida por uma percepção de propósito.

Visão é o propósito em imagens. A visão é a convicção em cores.

Visão é a capacidade de ver além do que seus olhos percebem.

A verdadeira liderança é a manifestação da paixão gerada por uma visão que controla a prioridade e energia de um líder. Os líderes possuem a visão. Portanto, a visão possui o líder. Todos os líderes visionários possuem uma percepção de destino.

É minha convicção que a liderança sem a visão é simplesmente gerência. Embora a transição de gerente para líder talvez seja um avanço natural, não é uma promoção automática. Em geral, os líderes eram anteriormente gerentes, mas nem todos os gerentes irão se tornar líderes. Os gerentes que administram bem, também se organizam bem. Os líderes têm visões. Eles fazem as coisas acontecerem. Para os líderes visionários, a visão é sua realidade e é o propósito de sua liderança. É a visão que propicia o impulso para a liderança e constitui a finalidade para a qual a liderança existe. É a visão que dá significado à liderança. A visão é o âmago da liderança e é a medida da liderança eficiente. Visão é a inspiração da liderança. Visão dá legitimidade à liderança como dá aos seguidores a nobre justificativa de submeter suas energias, talentos, recursos e dedicação à causa. A visão propicia a direção e força da liderança. A liderança começa e termina com a *visão.*

Transmitindo a Visão

Entretanto, o papel prático mais importante da verdadeira liderança é comunicar a visão. Os líderes transferem a posse da visão. Os verdadeiros líderes treinam outros para cumprir a visão; eles pensam nas gerações. A meta é comunicar a visão aos outros a fim de apresentar e unir as visões pessoais de todos na visão coletiva.

A comunicação na liderança é como o sangue no corpo. A visão deveria ser reduzida a uma frase se for para ser comunicada e executada de forma eficiente. Sem comunicação, a liderança não pode ser bem-sucedida. Um líder deve compartilhar sua paixão com autoconfiança, vitalidade, energia e dinamismo pessoal contagiante.

O líder deve expressar os sentimentos da visão de forma assertiva, usando expressões físicas e faciais dinâmicas para manifestar a paixão. A comunicação deve ser otimista. Ao comunicar a visão, o líder inspira pessoas, dando-lhes um propósito mais amplo do que seus empregos imediatos, proporcionando energia, empolgação e direção. O líder deve comunicar a visão de tal forma que os outros tomem posse dela. A visão em si deveria ser concisa; facilmente lembrada; representar um futuro melhor do que o presente; refletir os valores e aspirações das pessoas; e transcender as atividades diárias da vida. A visão deveria elevar e inspirar os outros a acreditar no futuro.

A forma mais pura de liderança é influenciar através da inspiração. A inspiração é o oposto da intimidação, e é desprovida de manipulação. Provém de um depósito divino de destino nos corações de homens e mulheres que possuem uma visão do propósito para o qual o Criador os constituiu.

Resumindo: a liderança prática é a capacidade de influenciar, inspirar, reunir, dirigir, encorajar, motivar, induzir, mover, mobilizar e estimular os outros a alcançarem uma meta ou propósito comum, mantendo, ao mesmo tempo, compromisso, dinâmica, confiança e coragem.

Escrever: O Propósito Documentado

O que é a visão?

Visão é o produto do propósito.

Visão é a fonte da verdadeira liderança.

Visão é o propósito documentado.

Você não pode dizer que tem uma visão se ela permanece apenas em sua cabeça.

Você já se sentou e escreveu uma visão para sua vida para os próximos quarenta anos — com os anos relacionados? "Aqui está o que eu quero fazer por volta do ano 2009, 2020, 2025, 2048..."

Em meu escritório, coloquei minha vida toda em três folhas de papel.

Com base em minha visão, eu tenho de estar vivo aos 97 anos. É por isso que não posso morrer antes. A morte e eu temos um encontro.

O líder do primeiro século, o apóstolo Paulo de Tarso, tinha uma profunda percepção de sua vida e propósito para sua geração e para a humanidade. Ele falou de completar seu trabalho e estar pronto para morrer como parte natural da vida. Expressou isso em sua carta ao seu mentoreado Timóteo:

2 Timóteo 4:6–7 – Versão King James
6 Eu já estou sendo derramado como uma oferta de bebida. Está próximo o tempo de minha partida. Combati o bom combate, terminei a corrida, guardei a fé.

Cristo diz, "Meu tempo ainda não chegou."

João 7:6 – Versão King James
Então, Jesus lhes disse: "Para mim ainda não chegou o tempo certo; para vocês qualquer tempo é certo."

Você tem de saber quando chega seu tempo. Se você não conhece seu propósito e sua tarefa, a morte irá aproximar-se furtivamente.

Documente Sua Visão

Foi isso que Deus fez. A Bíblia é o documento escrito da Visão de Deus. Desde o princípio até o fim, pois Deus conhece o final. Ele sabe como será o final. Já está no papel. E a sua visão? Você já a escreveu?

Se você não escrever a respeito das coisas, será como se elas nunca tivessem acontecido. A civilização não avançou muito até aprendermos a escrever. A diferença entre a era pré-histórica e a histórica é que nós aprendemos a escrever e a humanidade usou esta habilidade para documentar e comunicar o que estava sendo feito aqui na terra. Escrever é fundamental, não apenas porque serve para fazê-lo lembrar-se das coisas, mas porque registra e documenta o que aconteceu, de forma que os outros possam aprender.

William Still era um líder visionário que compreendeu isso. Era um homem negro nascido livre nos Estados Unidos do norte, o filho de um homem cujo pai tinha comprado sua própria liberdade da escravidão e uma mãe que roubou a liberdade para si mesma e alguns de seus filhos. Cresceu para trabalhar por uma sociedade antiescravagista na Filadélfia e, com o tempo, previu e realizou, juntamente com seus companheiros, um sistema eficiente de casas seguras, guias e transporte que formava a infra-estrutura do sistema que conhecemos como a Underground Railroad (um sistema secreto de rotas de fugas dos escravos), trazendo cerca de oitocentas pessoas à liberdade.

Embora outros como Harriet Tubman, assim como diversos abolicionistas brancos fossem progressistas e sempre melhor conhecidos por este trabalho, a visão de Still incluiu *manter e publicar um registro por escrito.* Até hoje, permanece inestimável a compreensão da história de ajuda aos libertos. Ele documentou a visão.

Escreva sua visão, porque sua visão é o que lhe dá poder na vida para se tornar importante, necessário e valioso.

Visão não é uma missão; elas são diferentes. A maior parte das pessoas confunde as duas. Uma missão é uma ampla declaração geral sobre o que você deseja realizar. A missão é muito mais uma declaração filosófica que apóia o âmago de suas ações. Uma declaração da missão por escrito define o propósito e a justificativa de sua existência pessoal e coletiva.

As palavras-chave aqui são:

Geral
Filosófica
Justificativa

Uma declaração da missão tem a ver com um conceito geral do que você quer realizar. Especifica sua filosofia, suas crenças, e, então, justifica sua existência.

Visão é o oposto disso.

Um assunto em questão: McDonald's, Burger King, Pizza Hut, Wendy's, Denny's, KFC, todos fornecem *fast-food*. Todos possuem a mesma missão. As igrejas são assim. Possuem uma missão, mas não a vêem da mesma maneira.

Todas as igrejas possuem a mesma missão. Pergunte a um pastor, "Qual é sua visão?" E o pastor pode dizer, "Ganhar os perdidos a qualquer preço."

Mas toda igreja está destinada a resgatar os perdidos a qualquer preço. Esta é uma missão, não uma visão, e talvez seja por isso que algumas igrejas tenham poucos freqüentadores.

As pessoas são atraídas pela visão, não pela missão.

Pergunte a outro pastor, "Qual é sua visão?"

"Bem, ganhar a cidade para Jesus." Esta não é uma visão; é uma outra missão.

Jesus disse que todos deveriam ir e ganhar o mundo e a cidade para Ele. Isso é algo geral, é uma "co-missão." A comissão, o comissionamento. "Vá a todo o mundo e pregue o evangelho." "Co" significa junto; "missão" significa a tarefa geral. Mas a liderança nasce quando a visão é cativada e, sem ela, todas as atividades são simplesmente gerência de metas.

As Características da Visão

A visão é um produto claro do propósito e uma profunda inspiração. A visão é detalhada, personalizada, distinta, única e razoável.

Cada palavra é poder embalado. Eu poderia ensinar por uma hora sobre cada palavra ou sobre escrever páginas sobre elas, porque todas são muito importantes, mas aqui está a versão curta.

A visão é a capacidade de ver além de seus olhos. É uma manifestação conceitual do propósito em imagens. A visão é uma breve idéia do futuro em cores.

A visão é detalhada: a visão é uma visualização conceitual do futuro de tal modo detalhada que o líder pode visitar o futuro, explorar seus componentes variados, voltar ao presente e comunicar esse futuro com uma descrição aprimorada.

A visão é personalizada: a visão é específica; é a resposta do líder a uma necessidade de seu ambiente. A visão é apropriada para o líder e o separa dos outros líderes.

A visão é única: a verdadeira visão é uma revelação específica do futuro que dá ao líder uma imagem de esperança que se torna sua fonte de inspiração. A visão é uma tarefa divina que propicia uma visualização única do mundo em uma situação futura.

A visão é distinta: a natureza única e personalizada da verdadeira visão a distingue das outras visões e coloca um líder em uma posição preferencial.

A visão é razoável: embora a visão possa ser uma visualização conceitual grandiosa do futuro que expande a imaginação e rompe as fronteiras do conhecido e familiar, é sempre realizável.

A visão é o que torna um líder um líder e produz confiança, esperança, dedicação e compromisso dos outros. Sem ela, não há liderança, há gerência.

A Dinâmica da Visão

A visão começa a fazer as coisas acontecerem na vida de um líder e nas atividades de um grupo. Ela tem vida própria, preparando o líder e moldando a missão.

A visão nunca mantém o *status quo*. Se você tem uma visão para sua vida, você tem de romper o *status quo*, a condição atual. A visão é o que o separa da norma.

A visão exige mudança. Tem um futuro ideal. Uma vez que você captou uma visão para sua organização ou sua vida pessoal ou igreja ou negócios, você vai achar que deve mudar. Às vezes você tem de mudar de empresa ou mudar de amigos, porque os antigos não se encaixam mais na sua visão ou podem impedi-lo de levar a efeito sua visão. Você tem de estar no lugar certo para colocar em prática sua visão.

A visão cria autodisciplina. É sua visão que o disciplina. Se você sabe para onde está indo, sabe para onde não quer ir. Jovens ficam grávidas e abandonam a escola porque não têm nenhuma visão de um futuro que seja diferente. Jovens juntam-se a gangues e cometem crimes, porque quase sempre eles não têm nenhuma visão de um futuro. Todavia, muitos outros jovens sobrevivem à vida nos guetos urbanos e prosseguem de forma a ter sucesso, porque sabem aonde *não* querem ir. Eles vêem tudo ao seu redor. Têm uma visão de onde querem terminar. A visão torna a autodisciplina mais fácil. Essa disciplina interior envolve impor padrões a você mesmo, e isso é a coisa mais difícil do mundo. Se você sabe aonde quer ir, no entanto, consegue permanecer no caminho.

A visão está focalizada no futuro. Isso torna sua perspectiva limitada. Porém, é aceitável que os líderes visionários tenham uma perspectiva limitada pela visão. Os líderes possuem um ponto de vista contido. Eles se mantêm vendo uma coisa enquanto seguem atrás dela. É por isso que as pessoas com visão têm capacidade de dizer não. Às vezes insultam as pessoas, porque a visão mantém o visionário disciplinado. "Simplesmente diga não, como a campanha americana antidrogas costuma dizer." "Não" a ter seu tempo desperdiçado. "Não" a desistir de sua visão. "Não" a tentação moral que poderia vir a tirá-lo do caminho.

A visão é inspirada por Deus. É o resultado direto da inspiração divina. É a respiração de Deus, à medida que você se recorda do Capítulo 13. É como se você fosse um balão vazio. Sua vida está informe, sem forma, quando Deus toma conta de você e respira seu dom, o propósito e a visão que Ele tem para você. Ele insufla o material de liderança em você. Então, você fica inflado com os atributos de liderança que Deus lhe deu. A visão preenche toda a sua vida com os atributos perfeitos, tal como um astronauta treinado e pronto para viajar para o espaço. Você fica cheio da vontade de Deus. Quando você tem visão, começa a compreender o que o Criador colocou no seu interior.

David L. Steward, presidente do conselho da World Wide Technology Inc., conta que as pessoas riam dele em 1990, quando revelou seus planos de começar uma companhia para fornecer soluções tecnológicas avançadas para a indústria. Não riem mais. A companhia, com base em Saint Louis, Missouri, ultrapassou $2 bilhões em vendas e tornou-se a principal concorrente internacional. A empresa é considerada um dos maiores comércios pertencentes a um afro-americano nos Estados Unidos. Sua filosofia, diz Steward, é "Tentar inspirar as pessoas, dizendo que todas as coisas lhes são possíveis através de Cristo que as fortalece. Estamos constantemente tentando fazer a coisa certa, servindo as pessoas e colocando o melhor interesse em primeiro lugar."

Ele tinha um propósito em mente que iria beneficiar os outros. Tinha uma inspiração divina e sua liderança servil levou-o ao sucesso. Mas, antes de tudo, ele tinha uma visão.

O que Você Quer para o Almoço?

O proprietário do McDonald's da ilha onde moramos nas Bahamas chamou-me para dizer, "Pastor Myles, quero levá-lo para almoçar. Quero conversar com você sobre algumas coisas. Preciso de conselho." Então, nós fomos almoçar. Ele veio pegar-me e eu estava pensando, "Este sujeito possui uma cadeia de restaurantes McDonald's. Eu sei que vamos almoçar. Vou ganhar um lanche do McDonald's de graça hoje; posso pedir qualquer coisa que eu quiser, cara. Estou com o dono."

Ele seguiu para a área de vendas no varejo, onde estavam localizadas as lojas do McDonald's, Burger King e KFC. Ele passou pelo McDonald's e seguiu em frente, e eu disse: "Aonde nós estamos indo?" Ele disse, "Nós vamos almoçar."

Eu disse, "Mas, esta não é..."

Ele disse, "É, eu sei, é nossa praça, mas eu não quero comer no McDonald's, quero comer frango."

Nós fomos direto para a porta seguinte, a do KFC. Entramos, e o dono da franquia nos encontrou na porta. Evidentemente, os proprietários conheciam-se, porque estavam no mesmo negócio e eles se cumprimentaram. Eu vi os dois se abraçando. O proprietário nos acolheu, apertou minha mão e nos deu um bom lugar. Ele disse, "O que você quer?" Anotou meu pedido e colocou diante de nós tudo que queríamos e nós comemos.

A essa altura, eu estava curioso com aquele encontro, e comecei a fazer perguntas. "Por que veio aqui?"

Ele disse, "Eu lhe disse, eu quero comer o frango do KFC."

Eu disse, "Mas por que você não foi ao seu próprio lugar?"

Ele disse, "Porque eu queria comer no *KFC*."

O McDonald's não vende o frango do KFC. Um Big Mac não irá satisfazer a fome de frango do KFC. Mesmo o dono do McDonald's vai até a porta ao lado se quiser um frango do KFC. Ele queria algo original, como a receita de frango que somente o KFC oferece. O McDonald's e o KFC têm visões diferentes. Eles sabem que o gosto de um não pode ser satisfeito pelo outro.

Cada dom e tarefa divina é projetado para atender às necessidades de um mercado específico. Nem todo mundo é seu mercado. Você irá atrair o mercado de acordo com sua tarefa e dom. Seu mercado o encontrará.

Em nossa organização nas ilhas Bahamas, a BFM International, somos identificados como "a organização da liderança." Como uma organização, somos sinônimo das palavras *liderança, propósito, destino* e *reino,* porque estas se tornaram as senhas de nossa visão e missão coletivas. Exatamente como o McDonald's e o Burger King não fornecem refeições refinadas nem atendem a um mercado mais elegante e sofisticado, em nossa organização sabemos que não atraímos todo o mundo. A visão de nossa principal organização é "transformar os seguidores em líderes, e os líderes em agentes de mudança." Portanto, aqueles que desejam descobrir, desenvolver e refinar seu potencial de liderança são os que vêm a nós de todas as partes do mundo.

16

Integridade: Protegendo Seu Dom

"Nunca deixe Seu Dom de Liderança levá-lo para onde seu Caráter não puder acompanhá-lo."

Integridade é a manifestação do caráter, que é a unidade do ser. Integridade e caráter são os protetores da liderança e preservadores da visão. A integridade é o pré-requisito para uma liderança bem-sucedida.

Os últimos anos não foram bons para aqueles que buscaram líderes para orientá-los pelas alternativas da vida diária. Acreditamos que líderes devem ser exemplos. Muitos líderes não puderam superar as tentações da vida.

Apenas alguns nomes lembram-nos da realidade deste fato — nomes como o do Presidente Bill Clinton, evangelistas que usam a televisão para realizar cultos como Jimmy Swaggart e Jim Baker, a empresária e celebridade Martha Stewart, os chefes da Enron Corporation, e, mais recentemente, o megalíder de igreja Ted Haggard. Cada um deles foi centro de escândalos. Quer seja na política, religião, negócios corporativos, esportes, entretenimento ou medicina, os defeitos de caráter na liderança ocorrem com muita freqüência.

Vamos ver um exemplo de caráter. Há uma senhora no centro da capital de meu país, Nassau, nas Bahamas.

Eu sempre sei onde ela está, o que está usando, o que está fazendo, o que ela dirá, como se sente a respeito de todas as coisas e o que está segurando na sua mão. O nome desta senhora é, Vitória, Rainha Vitória. Ela se sentou na mesma cadeira durante toda minha vida e nunca se mexeu. Quando criança, eu me lembro de descansar à sua sombra protegendo-me do sol quente das Bahamas durante as paradas, vendo-a olhar fixamente para mim sem dizer uma palavra. Eu me lembro de ter conversado com ela, insultando-a, mas ela apenas olhava para mim e sorria. Toda a minha vida, eu me perguntei o que ela estava pensando, mas ela simplesmente estava lá sentada e sorria.

O que me espantou na Rainha Vitória é que ela simplesmente se sentou passando por ventos e chuvas extremamente fortes dos desastrosos furacões que atingiram as ilhas de nossa nação, sorrindo, nunca reagindo a eles. O calor de trinta e dois graus do sol de verão de nossas ilhas Bahamas nunca a faz suar. Quando os pombos e outros pássaros usam sua cabeça como lugar de descanso na rota para seus destinos e decidem se aliviar em seu corpo, ela simplesmente senta-se e sorri. Nunca cai em tentação.

Vitória é uma estátua. As estátuas são fascinantes. Conforme estudava a Rainha Vitória, compreendi que ela estava me ensinando uma das maiores lições de minha vida, especialmente como líder em desenvolvimento. De fato, concluí que ela me ensinou o maior pré-requisito prático para a liderança — caráter.

Rachaduras na Parede do Caráter

Ao longo das páginas de história documentadas que registram a busca do desenvolvimento do ser humano e da civilização estão espalhadas histórias tristes de grandes homens e mulheres que ascenderam a posições impressionantes de influência e liderança. Exercitaram habilidade, coragem, bravura, proficiência, paixão, poder, visão e carisma, uma percepção de propósito, fé, resistência, compromisso, dedicação e outras qualidades e características que admiramos em todos os líderes. Contudo, a maioria deles falhou na área mais comum da experiência humana, a área do caráter.

Entre os líderes bíblicos, Abraão sucumbiu ao compromisso com sua esposa, Moisés perdeu a calma, Saul tornou-se vítima de sua inveja, o Rei Davi entregou-se à luxúria, Sansão colocou suas forças aos pés da beleza e Salomão usou sua influência para ceder às paixões. Qual é o denominador comum entre todos estes líderes? Um defeito de caráter.

Estou convencido de que o futuro da liderança será determinado pelo retorno ao caráter como prioridade. Durante os últimos anos, muito do enfoque da liderança, tanto no treinamento formal quanto informal, tem sido nos títulos, poder, posição, habilidades, dons, talento, educação, carisma, personalidade e capacidade de gerência. É como se a reputação tivesse se tornado mais importante do que a responsabilidade pessoal e a posição maior do que a disposição. Precisamos de líderes com caráter.

O que é caráter? O conceito básico da palavra *caráter* é proveniente de quatro princípios: fixo, previsível, imagem e integridade. Implica em algo que é imutável e firme. Fixo significa que é estável e sólido; previsível quer dizer confiável e que sustenta as expectativas; imagem significa que sua natureza lhe é inerente e reflete sua essência. Integridade provém da raiz "integrado" ou "unidade."

Em outras palavras, ter caráter e integridade significa ter um "eu" integrado. Quem você é, o que você diz, o que faz e como aparece são todos um. Significa que não há dicotomia ou divisão em sua pessoa. Você não é uma coisa em público e outra em particular. Você é o mesmo durante o dia e à noite. O caráter está presente no que você diz e o que você faz é o que você é. Este é o ingrediente que falta na liderança atualmente e deve ser restituído à condição de prioridade número um. A maioria de nossos líderes parece ter personalidade, mas não têm caráter.

A Rainha Vitória demonstra a diferença entre "ter personalidade" e "ter caráter." O caráter é o que você faz quando ninguém está olhando ou o que faria se ninguém descobrisse. Vitória é a mesma de dia e de noite. Esta é a verdadeira natureza do próprio Deus. Possui o caráter supremo. Ele se vangloria de nunca mudar e ser sempre o mesmo. É por isso que podemos confiar Nele — Ele é previsível. Está sempre presente.

"Pare de Pecar"

Eu desafio e aconselho cada um dos líderes que entra em meu círculo de influência a buscar este princípio vital de liderança que protege a vida, a visão, as pessoas e o propósito. Caráter é o princípio que protege seu potencial e propósito.

Que todos os líderes possam ser como a Rainha Vitória e desenvolver as qualidades de uma estátua, que não reage ou sucumbe aos elementos externos ou vozes internas que tentam nos afastar da proteção do Santo a cuja imagem fomos esculpidos.

Aqui está um bom conselho do líder dos líderes que manteve seu caráter intacto. O apóstolo Paulo do primeiro século, falando desta qualidade vital de liderança, declara:

1 Coríntios 15:33–34

33 Não se deixem enganar: "As más companhias corrompem os bons costumes."

34 Como justos, recuperem o bom senso e parem de pecar; pois alguns há que não têm conhecimento de Deus; digo isso para vergonha de vocês.

Romanos 5:3–5
3 Não só isso, mas também nos gloriamos nas tribulações, porque sabemos que a tribulação produz perseverança;
4 a perseverança, um caráter aprovado; e o caráter aprovado, esperança.
5 E a esperança não decepciona.

É importante notar que o caráter é desenvolvido através de tribulações, pressão e desafios. Enfrente as tentações e os desafios como uma estátua e responda somente ao Escultor. Faça do caráter uma prioridade. Eu o desafio como líder a se comprometer a cultivar e desenvolver seu caráter como sua principal prioridade e ser um exemplo de uma pessoa cuja integridade pode permanecer firme até o fim.

Dentre os ousados, o líder visionário a quem admiro hoje em dia é Lee Iacocca, o alto executivo que reviveu a Chrysler na década de 80. Ele se destaca por causa de sua tenacidade, disposição em confrontar a tradição e sacudir as formas antigas de fazer as coisas. Ele se sobressai por sua habilidade de fazer com que as pessoas se sintam importantes, reestruturando-as, simultaneamente, em suas áreas de força. Além disso, distingui-se por sua disposição de ser considerado um rebelde, quando, de fato, era um revolucionário. Vi traços de caráter admiráveis nele. É uma incrível liderança servil entrar numa organização e mudá-la completamente, resgatando, ao mesmo tempo, o valor das pessoas. Ele salvou os empregos dos funcionários e criou produtos que beneficiaram muitos, economizando combustível e produzindo carros que atendiam às necessidades das famílias. Esta geração precisa do que ele tem a oferecer.

Você Chegou Bem na Hora

É importante você saber que você não é um erro. Sua vida não é uma experiência com Deus, mas um programa intencional. É importante você saber que é tão precioso que Deus não permitiria que fosse concebido no ventre de sua mãe a não ser que você já estivesse terminado em Sua mente. Deus não o escolheu recentemente e você não é uma escolha de seus pais.

A Bíblia diz que Deus o escolheu "nele." Quando? "Antes da criação do mundo." Você existia antes de ser manifestado.

Efésios 1:4–5

4 Porque Deus nos escolheu nele antes da criação do mundo, para sermos santos e irrepreensíveis em sua presença.
5 Em amor nos predestinou para sermos adotados como filhos, por meio de Jesus Cristo, conforme o bom propósito da sua vontade.

O que é incrível com relação a Deus é que Ele programou sua entrada. Além disso, Ele o escolheu Nele, de acordo com a visão Dele que calcula todas as coisas por meio do plano de Seu propósito. Ele o escolheu conforme o plano que tinha para sua vida. "Nele fomos também escolhidos, tendo sido predestinados conforme o plano daquele que faz todas as coisas segundo o propósito de sua vontade" (Efésios 1:11).

Você não é um em um milhão. Você é um em milhões. Ele o escolheu antes de criar a terra. Deus programou sua chegada à terra. Para todas as coisas há uma ocasião e para cada propósito há um tempo.

Há um tempo para o propósito.

Eclesiastes 3:1–2

1 Para tudo há uma ocasião certa; há um tempo certo para cada propósito debaixo do céu:

2 tempo de nascer e tempo de morrer, tempo de plantar e tempo de arrancar o que se plantou

Assim sendo, você nasceu para um propósito e este já estava acabado. Deus lhe deu fôlego para começar, mas programou sua chegada. Seja o que for que você nasceu para fazer, é necessário nesta geração. Há "um tempo para nascer." Seja o que for que você nasceu para fazer, é esperado que aconteça nesta geração, neste tempo em que você está na terra.

Você está destinado a este tempo específico para mudar o ambiente de sua cidade, casa, negócios ou igreja. O propósito está programado. Seu nascimento foi programado. Algum de seus pais pode ter lhe dito, "Nós não o esperávamos, mas você chegou bem na hora." Alguns de vocês pensam que representam um erro, mas você é um compromisso com hora marcada. Deus tinha uma visão. Você tem o que esta geração precisa agora. Você necessita do que eu tenho. Eu preciso do que você tem. Nesta geração, precisamos de tudo o que você nasceu para fazer agora. Mantenha sua integridade para fazê-lo!

Se você não tem o caráter para fazer o que nasceu para fazer, poderia ser considerado culpado por roubar a geração, permitindo que seu dom permaneça latente e inativo.

Você experimentará muita oposição interna e externa, mas Deus diz: "Meu propósito prevalecerá."

Provérbios 19:21:
"Muitos são os planos no coração do homem, mas o que prevalece é o propósito do Senhor."

Simplesmente fique firme. Chegará ao lugar onde será estabelecido. Ninguém pode deter o que você nasceu para fazer. Você foi destinado ao sucesso. Vá até o fim de seus sonhos. A idéia de Deus para você no Seu reino é que você cumpra a visão dEle para sua vida.

Eu o encorajo a voltar a ser criança neste dia — passível de ser ensinado, lutando para ser obediente. As crianças ainda têm o desejo de agradar seus pais. Pegue os sonhos que você descartou, e diga, "Sim, eu ouvi, Deus. Vou voltar atrás e fazer o que nasci para fazer. Vou me tornar aquele que o Senhor tinha em mente quando soprou Seu fôlego em mim. Nada pode me deter."

Sua Caravana Está a Caminho

Fui ao Egito alguns anos atrás com minha esposa, Ruth. Nossos anfitriões levaram-nos ao poço onde os irmãos de José o jogaram.

Quando seus inimigos ou seus irmãos o colocarem em um poço, não perca sua integridade.

Seu trabalho pode colocá-lo num poço. Sua família pode colocá-lo num poço. Deus diz, "Não se mova. Uma caravana está vindo para apanhá-lo. Fique firme."

Deus irá sacudi-lo para tirá-lo da zona de conforto e colocá-lo num poço a fim de levá-lo ao seu propósito na vida. Quando você passar por tempos difíceis no poço, saiba que Deus está preparando seu caráter para sua promoção.

Às vezes você se sente aprisionado num poço e nada está dando certo. Tenta e nada funciona. Você se sente depressivo.

Começa a pensar que Deus se esqueceu de você. Deus diz, "Não, há uma caravana vindo buscá-lo e irá levá-lo ao seu propósito."

Quando José estava no poço, sabia que esta não era a visão que tinha. Quando seus irmãos o venderam aos comerciantes na caravana, ele pensou, "Este não era o meu sonho."

Imagino que José não chorou no poço. Não ficou bravo com Deus ou reclamou. Ele apenas sentou-se lá, pensando, "Isso não é o que eu vi, portanto, tem de ser temporário." Seja qual for o "poço" pelo qual você está passando, ele é temporário.

O propósito é mais importante do que o poço. O propósito é mais poderoso que um poço. Fique no poço no momento se tiver de fazê-lo, porque Deus o colocou lá por um motivo; Ele está vindo para pegá-lo quando for a hora. Ele o levará ao seu destino, se você mantiver sua integridade.

Quando a caravana veio e os irmãos de José o venderam, eles pensaram que o estavam vendendo para a escravidão, mas na verdade aquela foi uma excursão para o seu propósito — com todas as despesas pagas. Imagine José cambaleante atrás de um camelo no sol quente do deserto, andando pelo estrume do camelo, andando no calor. Seus irmãos o venderam para a escravidão, mas ele estava a caminho do trono para se tornar o braço direito do Faraó.

Gênesis 41:41

E o faraó prosseguiu: "Entrego a você agora o comando de toda a terra do Egito."

Mesmo quando você estiver cambaleante, pensando no que está para acontecer, Deus diz, "Apenas segure a corda, estou levando-o ao trono."

Sua visão é maior do que isso! O que Deus o chamou para fazer é maior do que isso! O poço não é o fim.

Então chegou o momento em que a família de José teve de ir até ele por causa do alimento.

Gênesis 42:6
José era governador do Egito e era ele que vendia trigo a todo povo da terra. Por isso, quando os irmãos de José chegaram, curvaram-se diante dele, rosto em terra.

Alguns de vocês se sentem aprisionados em seu emprego. Deus disse, "Está bem, não fique bravo." Faça o que José fez — não fique zangado, maximize o momento.

Você é grande. Ninguém o conhece ainda. As pessoas pensam que sabem quem você é, mas no seu interior há um líder que eles ainda não viram. Mesmo sua esposa ou seus pais não viram o líder dentro de você. Você ainda está a caminho de seu propósito. Eles não sabem quem você é.

Se você mantiver sua integridade, ninguém pode deter o que você nasceu para fazer. Então, permaneça firme, comprometido e concentrado. Você está no seu lugar de liderança. Você tem sua tarefa. Está seguro na sua área de dom. O lugar está preparado para você. Então, permaneça nos negócios do Pai, e mantenha um caráter excelente.

17

Treinar: Quem Virá Depois de Você?

Liderança é prover direção e apoio! Identificar, desenvolver, treinar e preparar seus substitutos como um líder é uma das principais contribuições para o mundo.

Imagine que seu chefe o tenha promovido e ido ao escritório no dia em que você começou a trabalhar na sua nova posição e dito, "Parabéns! Você é um líder servil agora. Está no seu lugar de liderança, procurando a visão e executando o plano. Você realmente parece conhecer seu propósito e tem um dom extraordinário neste campo de liderança. No entanto, não se acomode. É tempo de começar a preparar seus sucessores."

"Mas eu acabei de chegar aqui," você poderia responder. "Eu não quero que as pessoas pensem que podem *me* substituir — assumir minha posição." Ao mesmo tempo, você poderia estar pensando, "Ele deve estar louco se pensa que vou treinar meus concorrentes."

Neste caso, você ainda não é um verdadeiro líder.

É tempo de graduar-se.

As características da verdadeira liderança incluem:

Os verdadeiros líderes não mantêm seguidores. Eles produzem líderes. Líderes inseguros com baixa auto-estima têm medo de desenvolver pessoas. Precisam depender de seguidores para se apoiar. Estes não são líderes.

Os verdadeiros líderes acreditam que há um potencial de liderança em todos ao seu redor. Eles criam um ambiente para que a liderança floresça. O âmago da verdadeira liderança não é apenas oferecer o seu dom, mas também ajudar outras pessoas a encontrarem seus lugares preparados, descobrirem seus dons e qualidades e dar a elas uma oportunidade para se desenvolverem.

Os verdadeiros líderes criam um ambiente para os outros encontrarem sua autoridade. Você tem autoridade na sua área de dom. Meu trabalho como uma autoridade é ajudá-lo a encontrar sua área de autoridade, de forma que você possa ir e servir ao mundo.

Autorizando uma Transição

Foi isso que Jesus fez. O líder que estava na terra teve êxito em Sua missão, então, partiu, enviando Seus sucessores autorizados — encarregando-os da iniciativa de comunicar as Boas Novas.

Isso é um exemplo para nós e demonstra algumas verdades sobre a preparação de outros para liderar:

Líderes servis produzem líderes servis.

Um líder inspira outros a se tornarem líderes e a cumprirem seus próprios propósitos. Essencialmente, o sucesso da verdadeira liderança é medido pela diminuição da dependência de seus seguidores. Os colegas necessitarão menos do líder, serão menos dependentes, se o líder estiver fazendo um bom trabalho. Se sua equipe, congregação ou família pode funcionar bem quando você não está por perto, você é um líder eficiente. Se eles puderem continuar mesmo depois de você ter se aposentado, demitido ou ido para a Glória, você cumpriu sua missão.

A liderança eficaz é medida não pelo que acontece na sua presença, mas na sua ausência.

Se o ambiente doméstico se tornava uma bagunça quando você saía de casa para fazer compras ou tratar de outros assuntos, ou, pior ainda, se sua família desintegrou-se após sua morte e nunca mais se recuperou, algo estava errado com sua liderança. O teste de um líder é levar muitas outras pessoas a liderar — ou, pelo menos, treiná-las para isso.

O sucesso produz sucessores.

Os discípulos tinham sido os estagiários de Jesus por três anos, seguindo-O, escutando tudo que Ele tinha a dizer e auxiliando-O em Seu ministério. Sua morte veio como um forte golpe para eles. As horas entre Sua morte e a revelação de Sua ressurreição devem ter sido devastadoramente deprimentes e assustadoras. Alguém poderia vir depois para pegá-los também. Contudo, se os discípulos tivessem permanecido dispersos em exílio silencioso após a crucificação ou tivessem se reunido em um canto com medo e nunca tivessem ido à montanha onde Mateus diz que Jesus ressurreto revelou-Se, a missão de Cristo teria fracassado. Sua mensagem nunca teria sido divulgada. Hoje, seríamos súditos de uma Roma pagã, muitos judeus não teriam se convertido ou poderíamos ter nos esquecido dos ensinamentos de Cristo.

Mateus 28: 5–7

5 O anjo disse às mulheres: "Não tenham medo! Sei que vocês estão procurando Jesus, que foi crucificado.

6 Ele não está aqui; ressuscitou, como tinha dito. Venham ver o lugar onde ele jazia.

7 Vão depressa e digam aos discípulos dele. Ele ressuscitou dentre os mortos e está indo adiante de vocês para a Galiléia; Lá vocês o verão. Notem que eu já os avisei."

Mateus 28:16–19
16 Os onze discípulos foram para a Galiléia, para o monte que Jesus lhes indicara.
17 Quando o viram, o adoraram, mas alguns duvidaram.
18 Então, Jesus aproximou-se deles e disse: "Foi-me dada toda a autoridade nos céus e na terra.
19 Portanto, vão e façam discípulos de todas as nações, batizando-os em nome do Pai e do Filho e do Espírito Santo."

Jesus diz, "Toda autoridade foi *me* dada."

Ele acrescenta, "Nos céus e na terra."

Ele diz, "Portanto, [vocês] vão e façam discípulos..."

Isso é essencialmente o que precisamos compreender. A razão de Deus nos dar autoridade não é para usá-la, mas para libertar pessoas.

Neste encontro, Ele é o Salvador ressurreto, que voltou da morte. Foi até o inferno, pegou as chaves e ergueu-se novamente. Está do lado de trás da cruz. É vitorioso sobre a morte, o inferno e o túmulo. Ele é poderoso em toda Sua glória, e está agora pronto para enfrentar o mundo, declarando, "Foi-me dada toda a autoridade nos céus e na terra." Ele diz, basicamente, "Eu tenho autoridade; portanto, vocês vão e tenham autoridade na área de seus dons, em seu lugar preparado." Ele nos deu autoridade não para que a usássemos sobre as pessoas, mas para libertá-las para os propósitos para os quais o Criador as fez.

Ele estava dizendo, para todos os efeitos: "Eu tenho autoridade; portanto, vocês vão e sejam vocês mesmos; cumpram o chamado e encontrem seu lugar de liderança."

Na Páscoa (Última Ceia), após instruir Seus companheiros de liderança servil e adverti-los de Sua iminente traição, o rabino Jesus designou um Reino:

Lucas 22:28–30
28 Vocês são os que têm permanecido ao meu lado durante as minhas provações.
29 E eu lhes designo um Reino, assim como meu Pai o designou a mim,
30 Para que vocês possam comer e beber à minha mesa no meu Reino e sentar-se em tronos, julgando as doze tribos de Israel.

Este é um ponto vital que muitos não perceberam: oprimir ou subjugar os outros leva a perda tanto do opressor como do oprimido, porque o opressor nunca poderá se beneficiar dos verdadeiros dons daquele que está oprimindo. Observei isso diretamente uma vez em que viajei para a África do Sul. Havia pobreza em todos os lugares e a riqueza da terra estava nas mãos de apenas quatro por cento da população. O potencial de multidões de pessoas era desperdiçado, e elas estavam vivendo em caixas de papelão. Olhei para isso e simplesmente chorei. A África do Sul tinha desperdiçado os talentos de tantas pessoas, privando-se de seu potencial. É minha missão pessoal voltar à África do Sul com a maior freqüência possível para ajudar a desenvolver líderes ali.

A opressão destrói dons. A África do Sul não pôde se beneficiar dos muitos e esplêndidos dons daqueles que foram oprimidos e ignorados, até os líderes desmantelarem o apartheid. A Alemanha não pôde se beneficiar dos enormes dons e contribuições do povo que Hitler destruiu. As nações escravagistas como os Estados Unidos e o Brasil não puderam se beneficiar plenamente do tremendo potencial dos africanos enquanto os mantiveram no cativeiro. A União Soviética não pôde se beneficiar dos dons não usados e atrofiados de seu próprio povo, enquanto o governava com mão de ferro.

Dito de outra forma, o verdadeiro propósito da autoridade é liberar a autoridade de outras pessoas, não controlá-las.

A verdadeira autoridade libera mais autoridade.

A verdadeira alegria dos líderes não é ver os outros servirem-nos — "Vocês não serão assim" — mas ver os outros se descobrindo. "Mas, vocês não serão assim. Ao contrário, o maior entre vocês deverá ser como o mais jovem, e aquele que governa, como o que serve" (Lucas 22:26). O líder sabe que se os outros meramente o seguem, não poderão se beneficiar de seus dons. Se outros indivíduos encontrarem seus dons e os oferecerem ao mundo, isso servirá para melhorar suas próprias vidas, ao mesmo tempo, aqueles que os recebem também serão beneficiados.

A liderança egocêntrica produz seguidores egocêntricos.

Talvez este seja o problema da maioria dos líderes mundiais atualmente. Estamos vendo mais pessoas egocêntricas, motivadas pela autopromoção ou por ganhos financeiros, procurando ser o Número Um, em vez de serem motivadas pelo desejo de servir.

Às vezes os amigos tratam-no de forma diferente quando conseguem uma posição de poder. E quando algumas pessoas recebem autoridade, isso lhes sobe à cabeça. Em vez de usá-la para ajudar as pessoas, usam-na para controlá-las, oprimi-las, a fim de se assegurar de que não competirão com elas. Competir por posições de poder é sinal de insegurança. Se os líderes estivessem seguros em suas posições e confiantes de sua visão, dons e tarefa, não teriam necessidade de se preocupar. Naquela noite final com Jesus, você se recorda, os discípulos discutiam novamente sobre quem era o maior (vide Lucas 22:24).

No ensino sobre liderança, descobri muito a meu respeito e sobre como ser centrado em Deus em vez de ser centrado em mim mesmo. Em minha organização, desenvolvemos potencial.

Todo ser humano possui potencial. Às vezes preciso testar minha liderança, ficando de lado. Isso ajuda a manifestar o dom das pessoas. Para desenvolver líderes tenho de estar seguro de minha própria liderança. A insegurança é o que impede as pessoas de mentorear. Se você tem uma clara convicção acerca de seu próprio valor como um líder, então, sua maior alegria será ajudar os outros a descobrirem os deles e dar-lhes espaço para colocá-los em execução e manifestá-los. Você não terá lugar para inveja, medo, desconfiança e outras emoções que são tão penetrantes na liderança tradicional em que as pessoas manipulam e lutam por posição, com medo de que alguém tome seu lugar.

Como um líder, percebo que você e eu somos iguais perante Deus. Minha meta é tentar edificá-lo e fazer com que você suba até o nível em que estou, porque quero encontrar o dom que você está destinado a servir para mim. Respeito seu dom.

A Próxima Geração

Quando as pessoas chegam e vêem nossa equipe trabalhar na organização nas Bahamas, encontram um espírito de responsabilidade, automotivação e propósito. Nossa gente é altamente motivada e animada.

Fazemos muitos trabalhos com jovens a fim de desenvolver a liderança. Minha convicção é que se pudermos fazer com que os jovens entendam o conceito de liderança, então, o futuro está garantido. O ensino da liderança começa em casa. Os pais devem preparar seus filhos para dar continuidade e dedicarem-se à liderança na próxima geração.

A família Kennedy é um bom exemplo disso. Por gerações, ela sofreu a perda de seus líderes. Joseph Sr., Joseph Jr., John, Robert, John Jr., Rose. Por mais abençoada que fosse com bens materiais, a família sofreu muitas tragédias. Durante todo esse tempo, manteve uma posição de destaque no serviço público.

Em cada geração, alguém parece estar na vanguarda e a liderança, influência e o legado da família continuam.

Recentemente, parece que o papel coube a Caroline, a filha do Presidente John F. Kennedy, especialmente após a morte de seu irmão, John Jr. Identicamente, Edward "Teddy" Kennedy teve de assumir a liderança da família após a morte de seus irmãos, John e Robert, em uma seqüência de eventos relativamente rápida.

Apesar das mortes, infortúnios e escândalos a família sempre parece ter treinado alguém da geração seguinte em seus valores de fé, filantropia e serviços públicos — seus dons de liderança servil.

Quando meus próprios filhos, Charissa e Charo, estavam crescendo, eu lhes paguei para lerem meus livros e os incentivei a se tornarem líderes. Hoje em dia, estão se tornando verdadeiros líderes. Ambos são compassivos e creio que isso provém da geração. Minha esposa e eu estamos vivendo o que aprendemos de nossos pais — servir os outros — e prevejo que nossos filhos irão se tornar servos maiores do que nós somos.

A opção de carreira de minha filha é o trabalho social, e eu estou surpreso com sua empatia pelo povo. Ela estava pensando em fazer medicina e possuía tarefas num hospital local na ilha desde que era adolescente. Posteriormente, decidiu, "Não, prefiro estar no meio do povo a simplesmente trabalhar em um corpo humano." Está se aperfeiçoando em um doutorado e tem um cargo junto a uma organização comunitária no Texas. Fiquei sabendo de histórias sobre ela e de como, aos 24 anos, está tocando vidas.

Meu filho, Charo, que se formou na escola nos Estados Unidos, quer ir para a área de negócios. Eu lhe perguntei, "Por que você quer ir para essa área?" Ele disse, "Assim, eu posso ganhar dinheiro e ajudar as pessoas." Sua motivação é, provavelmente, a mesma que tive na sua idade. É bom ouvir um jovem de 23 anos dizer, "Quero gerar recursos — não comprar um barco ou um grande carro — ao contrário, servir pessoas." É muito gratificante ouvir isso.

* * *

Não posso deixar de enfatizar que homens e mulheres nasceram para liderar de forma igual. Muito embora sejam diferentes, não significa que um é inferior ou superior ao outro. Diferente significa único. Treinamos ambos os sexos com a convicção de que todos possuem um dom. Não discriminamos.

Tampouco lidamos com quaisquer experiências de liderança com base na raça. Acreditamos que toda a humanidade tem igual valor. Somos todos partes de um corpo, como Paulo afirma em sua primeira carta aos Coríntios:

1 Coríntios 12:14–20
14 O corpo não é feito de um só membro, mas de muitos.
15 Se o pé disser: "Porque não sou mão, não pertenço ao corpo," nem por isso deixa de fazer parte do corpo.
16 E se o ouvido disser: "Porque não sou olho, não pertenço ao corpo," nem por isso deixa de fazer parte do corpo.
17 Se todo o corpo fosse olho, onde estaria a audição? Se todo corpo fosse ouvido, onde estaria o olfato?
18 De fato, Deus dispôs cada um dos membros do corpo, segundo a sua vontade.
19 Se todos forem um só membro, onde estaria o corpo?
20 Assim, há muitos membros, mas um só corpo.

Um exemplo do impacto que os líderes podem ter sobre aqueles que vêm depois é a vida de Madre Teresa, que fundou uma ordem religiosa, os Missionários da Caridade, e ganhou o Prêmio Nobel da Paz em 1979 por seu trabalho junto aos necessitados. Não creio que Madre Teresa queria começar uma ordem de irmãs por si mesma. Estava tentando ajudar os leprosos e outros que eram oprimidos em Calcutá. Certa vez ela disse: "De livre escolha, meu Deus, e por amor a ti, desejo permanecer aqui e fazer toda a tua Santa vontade para mim."

Contudo, inspirou aqueles que trabalharam com ela a seguirem seu exemplo, até mesmo a se vestirem como ela. O Papa João Paulo II, ao presidir sua beatificação pela Igreja Católica Romana em 2003, chamou-a de "uma das maiores missionárias do século XX."

Precisamos de mais missionários como ela que gerem outros missionários, líderes que façam líderes.

Liderando para a Sucessão

A verdadeira liderança fornece recursos, políticas e assistência para ajudar as pessoas a descobrirem seus dons. Veja a falha do Comunismo; ele não pôde funcionar muito embora pregasse igualdade. Isso ainda ocasionou um confronto entre a elite e as massas. As massas não estavam motivadas a trabalhar, porque o sistema não as permitiu exercitarem seus dons. Recebiam ordens de fazer o que estado dizia. Isso trabalhou contra o desenvolvimento pessoal. Pobreza, baixa auto-estima, falta de incentivo, falta de espírito empresarial — todos estes elementos são produtos de qualquer cultura que não incentive as pessoas a descobrirem sua liderança pessoal.

Se os líderes proporcionarem um ambiente que encoraje o povo a descobrir seus próprios dons, todos se beneficiarão. Ninguém é apenas um servo e todo mundo é um líder que oferece seu dom aos outros. A economia torna-se poderosa e forte porque pequenas empresas são a força do crescimento da economia. Os empreendedores ou aqueles que investem no seu próprio negócio permitem que o povo descubra seus dons de liderança.

Os governos falham com freqüência ao planejar sua sucessão. Tenho tido o privilégio de encontrar muitos líderes. Sentei-me com o presidente de Israel. Recebi uma das mais altas honras da rainha da Inglaterra, chamada Ordem do Império Britânico (OBE). Fui convidado da Rainha Mãe e do rei da Suazilândia. Dormi na casa do presidente de Zâmbia.

De todas estas maravilhosas experiências, conclui que o aspecto da liderança que está mais deficiente é o treinamento para a sucessão.

Oitenta por cento de todo conflito de liderança nos países em desenvolvimento ocorre na transição, seja na morte de um líder ou em função de um golpe. O conflito acontece sempre que há uma mudança de liderança em uma organização ou partido político. É o mesmo nas assim chamadas nações desenvolvidas. Até o processo de eleição das democracias é um caos. Sentei-me para almoçar com renomados líderes religiosos e empresariais; tenho tido a oportunidade de me sentar com líderes cívicos e servir junto com alguns deles. A falha no planejamento da sucessão é comum em todos, assim como em escolas, igrejas e organizações sem fins lucrativos.

Os Princípios da Transferência de Liderança

Nada é mais difícil do que a transição na liderança. Continuamos cometendo os mesmos erros, porque não compreendemos os princípios da transferência de liderança. Vamos ver alguns princípios.

A liderança nunca é dada a apenas uma geração. Se você compreender este conceito, subitamente perceberá que todo líder é temporário. Às vezes nossa maior tentação ou fraqueza como líderes é pensar que o mundo começa e termina conosco. A liderança é sempre temporária. Qualquer líder que pense que é permanente enfrentará um agente neutralizador — a morte. Não importa o quão maravilhoso ou ameaçador seja um líder, a morte irá, em última análise, acabar com ele. É importante ter em mente constantemente sua mortalidade enquanto for líder.

A liderança que serve apenas à sua geração está destinada ao fracasso. Você nunca deveria liderar apenas com sua própria geração em mente. Quer você seja um professor de escola dominical, um professor em uma aula de escola pública ou um executivo de uma empresa responsável por um departamento inteiro, lembre-se de que sua responsabilidade não é apenas servir à sua geração, mas também preparar o futuro.

Deus é um Deus de gerações. Deus sempre se dedica àquilo que está sendo gerado. Deus atua nas gerações. A liderança que é autêntica, que é de Deus, sempre pensa nas gerações.

O sucesso sem um sucessor equivale a fracasso. Não importa o quanto bem-sucedido você seja como um líder. Se você não tiver um sucessor, não importa com quantas pessoas possa falar sobre as grandes coisas que realizou e as boas coisas que fez. Você foi um fracasso.

Se seu negócio, ministério ou visão morrerem com você, você falhou. Não importa quão grande seja sua visão. Não importa quão grandes sejam suas idéias sobre sua companhia, ministério, país ou igreja. Se, quando você morrer, tudo morrer, você foi um fracasso. Uma visão que é genuinamente proveniente de Deus sempre será maior do que sua existência. Dessa forma, nunca tente completar sua visão durante sua existência. Deus é muito grande para isso. Ele sempre irá lhe dar uma visão que durará mais do que você. Uma parte de sua responsabilidade como visionário é preparar seu substituto para continuar a trabalho. Se seu trabalho morrer quando você morrer, você falhou. Muitas pessoas fizeram um trabalho na terra que foi admirado e do qual o povo se beneficiou enquanto estavam vivendo, mas falharam se levaram para o cemitério tudo que deviam ter deixado conosco.

A Última Aula

O líder comum emprega outras pessoas. O verdadeiro líder desenvolve outras pessoas.

Não quero empregados em minha companhia. Busco "desenvoltores." Tenho de criar um ambiente no qual eles possam desenvolver seus dons e servi-los ao mundo. Não quero controlar pessoas; quero libertá-las. É por isso que Cristo diz, "Eu tenho autoridade nos céus e na terra e debaixo da terra e porque eu tenho toda autoridade em todas essas áreas, *vocês* vão e liberem as suas."

Os verdadeiros líderes não têm medo do sucesso de seus seguidores. Se você ficar nervoso quando as pessoas ao seu redor tiverem êxito, você não é um verdadeiro líder. É um manipulador; está inseguro. Os líderes que estão oferecendo seus dons ao mundo, que atraíram e inspiraram o povo, que sabem que não estão aqui para sempre treinam rapidamente seus sucessores.

Treine seu sucessor. Ensine-o tudo que você sabe sobre liderança em seu tipo específico de empreendimento, seja uma igreja ou um circo. Ajude-o a refinar seus dons, que podem ser diferentes dos seus.

Não se acomode. É tempo de começar a preparar seus sucessores. Jesus escolheu Pedro para edificar Sua igreja (Mateus 16:18), mas, primeiro, ele teve de ensiná-lo a servir.

João 21:17

Pela terceira vez, ele lhe disse: "Simão, filho de João, você me ama?" Pedro ficou magoado por Jesus lhe ter perguntado pela terceira vez, "Você me ama?"

E ele lhe disse: "Senhor, tu sabes todas as coisas e sabes que te amo."
Disse-lhe Jesus: "Cuide de minhas ovelhas."

O Senhor Jesus, o maior líder de todos os tempos, com freqüência ensinava mostrando ao povo o que fazer. Era um homem de ação. Demonstrou serviço. Na Sua última noite de liberdade, Ele começou a lavar os pés de Seus discípulos (vide João 13:1–17).

Posteriormente, Jesus perguntou àqueles cujos pés Ele lavou, se entenderam o que Ele estava tentando ensinar e explicou que estava sendo um exemplo de como queria que eles agissem. Ele os serviu, de forma que eles puderam ver como serviriam.

João 13:12–17
12 Quando terminou de lavar-lhes os pés, Jesus tornou a vestir sua capa e voltou ao seu lugar. Então lhes perguntou: "Vocês entendem o que lhes fiz?
13 Vocês me chamam de 'Mestre' e 'Senhor,' e com razão, pois eu o sou.
14 Pois bem, se eu, sendo Senhor e Mestre de vocês, lavei-lhes os pés, vocês também devem lavar os pés uns dos outros.
15 Eu lhes dei o exemplo, para que vocês façam como lhes fiz.
16 Digo-lhes verdadeiramente que nenhum escravo é maior do que o seu senhor, como também nenhum mensageiro é maior do que aquele que o enviou.
17 Agora que vocês sabem estas coisas, felizes serão se as praticarem.

"Agora que Vocês Sabem..."

Liderança é servir em toda oportunidade.

O mundialmente famoso ícone de basquete Michael Jordan é um grande exemplo de liderança servil. Atualmente, é considerado um líder e gera respeito seja onde for. É também um dos homens mais ricos dos Estados Unidos e apenas seu nome vale milhões. Contudo, é impressionante que Michael nunca se preparou para se tornar um líder. Ele simplesmente desejava ser ele mesmo e maximizar o seu dom atlético. Tornou-se um escravo de seu dom e o entregou a todos nós durante anos, e hoje em dia o chamamos de "grande."

Ele chegou a este ponto porque é um escravo. Quando você e eu estávamos dormindo, ele estava praticando. Quando estávamos relaxando, ele estava jogando. Quando estávamos fazendo compras, ele estava no ginásio. Quando estávamos vendo televisão, ele estava atirando bolas ao cesto durante horas. Era um escravo de seu dom. É por isso que o povo o busca e o recompensa pelo dom que ele serviu ao mundo. Foi isso que Jesus quis dizer quando falou, "Quem quiser ser grande entre vocês deverá ser escravo de todos."

Você já encontrou algo em que possa ser escravo, de forma que possa oferecê-lo ao mundo?

Ou você está procurando ou aguardando uma chance para liderar? As oportunidades estão todas ao seu redor. Limpe o banheiro, lustre o chão, distribua livros, estacione carros, receba as pessoas na porta da igreja, seja voluntário na biblioteca ou trabalhe no Wal-Mart. Os servos procuram oportunidades.

Eu costumava a fazer tudo o que precisava ser feito em minha igreja: abrir o edifício, arrumar as cadeiras, tocar piano, liderar a equipe de louvor, e, então, depois, pregar. Operava a câmera e também a caixa de som. Eu mesmo duplicava as fitas. Atualmente, temos uma equipe de 60 obreiros trabalhando em período integral e outros 120 para ajudar no ministério, mas eu costumava fazer tudo o que eles fazem. Limpava o chão. Tudo o que os outros fazem, um dia eu fiz.

Um dos motivos dos líderes fazerem pequenas coisas é para se prepararem. Eles refinam seus dons servindo em todas as posições. Ganham experiência de forma que podem ensinar a próxima pessoa exatamente como fazê-lo. Podem *mostrar* como se faz para a próxima geração de líderes, não apenas falar ou enviar um livro sobre isso. É difícil preparar um sucessor se você chegou ao topo sem ter passado pelas posições intermediárias. Volte atrás e seja um escravo, um servo, o mais jovem.

Não procure poder. Procure oportunidades. Os verdadeiros líderes não andam pelo banheiro, vêem um pedaço de papel no chão e perguntam, "Onde está o faxineiro?" Não, o pedaço de papel e o faxineiro do banheiro tornam-se sua responsabilidade pessoal.

Seja um modelo de responsabilidade para a próxima geração. A liderança servil é servir o seu dom em todas as oportunidades, não apenas quando as pessoas estão vendo você fazê-lo. Seja um escravo disso e sirva os outros enquanto o faz.

Então, transmita-o para aquele que adora servir.

Quando Jesus Cristo estava prestes a mudar a liderança, Ele convocou uma última reunião, um café-da-manhã perto do Mar de Tiberíades. Estava na forma ressurreta. Estava pronto para transferir a liderança. Chamou todos para uma reunião de equipe. Estava prestes a identificar Seu sucessor.

João 21:15–17

15 Depois de comerem, Jesus perguntou a Simão Pedro: "Simão, filho de João, você me ama mais do que estes?" Disse ele: "Sim, Senhor, tu sabes que te amo."

Disse Jesus: "Cuide de meus cordeiros."

16 Novamente, Jesus disse: "Simão, filho de João, você me ama?" Ele respondeu: "Sim, Senhor, tu sabes que te amo." Disse Jesus: "Pastoreie minhas ovelhas."

17 Pela terceira vez, ele lhe disse: "Simão, filho de João, você me ama?"

Pedro ficou magoado por Jesus lhe ter perguntado pela terceira vez, "Você me ama?" E ele lhe disse: "Senhor, tu sabes todas as coisas e sabes que te amo." Disse-lhe Jesus: "Cuide de minhas ovelhas."

Jesus, o Diretor Executivo, não disse a Simão Pedro, "Simão, você é famoso? Inteligente? Tem uma boa personalidade? Tem competência, habilidades, proficiência? Tem experiência? Ama minha visão? Gosta de poder? Ama minha missão?"

Não! Ele pergunta. "Você *me* ama?" Este é o teste. "Você me ama, Pedro?"

Pedro, essencialmente, diz: "Sim, Senhor. Mestre, Você sabe que eu o amo. Fui testado." Entre outras coisas, Pedro cortou a orelha de um homem para defender o Mestre e arriscou-se aguardando nas redondezas quando Ele estava sendo julgado.

Jesus diz, basicamente, "Então, você está no comando. Cuide de Minhas ovelhas; você irá assumir a direção da companhia. Leve-a ao próximo nível. Siga em frente e produza líderes."

Resumo

Em resumo, os verdadeiros líderes:

Conhecem a si mesmos e se desenvolvem de acordo com seu dom.

Declaram-se independentes das expectativas e opiniões dos outros. Aprendem dos outros, mas nunca os copiam.

Estão mais interessados em se manifestar do que provar algo para os outros.

Não medem a liderança por quantas pessoas os servem, mas por quantas pessoas eles servem.

Lideram outros para que eles também liderem.

Deixam os outros livres para se tornarem líderes, em vez de manter seguidores.

Criam um ambiente e fornecem oportunidade para os outros descobrirem e cumprirem seu potencial e propósito dados pelo Criador.

Desenvolvem os outros, enquanto os líderes tradicionais os empregam.

Liberam os outros para seu próprio e exclusivo dom.

Compreendem que o sucesso sem um sucessor equivale a fracasso.

Consideram como seu próprio sucesso quando aqueles que capacitaram podem liderar outros em seus propósitos e dons.

Produzem líderes que produzem outros líderes, que produzem outros líderes.

Lembram-se e adotam os sete principais princípios da Liderança Servil e encontram seu lugar no seu grupo da humanidade.

Liderança é uma posição preparada.
Liderança exige um preço.
Liderança é inerente/natural.
Liderança é um depósito divino.
Liderança não é para você, mas para os outros.
Liderança é tornar-se você mesmo em benefício dos demais.

Vá a *todo* o mundo e produza os líderes que ele necessita. Lembre-se do maior princípio e filosofia de liderança de todos os tempos, das sábias palavras do Líder de todos os líderes: “Ao contrário, quem quiser tornar-se importante entre vocês deverá ser servo, e quem quiser ser o primeiro deverá ser escravo” (Mateus 20:26–27).

A liderança é uma *predeterminação, e não uma preferência.*

O mundo está esperando sua liderança.

Que o Senhor os multiplique, você e os seus filhos.
Sejam vocês abençoados pelo Senhor, que fez os céus e a terra.
Os mais altos céus pertencem ao Senhor,
mas a terra ele a confiou ao homem.
Os mortos não louvam ao Senhor, tampouco
nenhum dos que descem ao silêncio.
Mas nós bendiremos ao Senhor, desde agora e para sempre!
Salmo 115:14–18

APÊNDICE

10 Pontos-Chaves Para se Tornar um Líder

1. Confirme Seu Propósito

Verifique a visão original que Deus tinha para sua vida. Pegue tudo o que você pensou que era e entregue a Ele e deixe-O mostrar o que você nunca viu.

2. Documente Sua Visão

Visualize seu destino. Quais são os planos que você precisa fazer para alcançá-lo? Quem poderia ajudá-lo a cumprir seu propósito, enquanto cumpre o dele próprio?

3. Descubra Seu Potencial

Avalie suas habilidades, capacidades e dons. Depois, desenvolva e refine-os.

4. Mantenha Sua Paixão

Faça isso através da oração, cultive um desejo progressivo de ver seu propósito manifestado e seja persistente.

5. Ganhe Confiança

Seja fidedigno de forma que os outros possam ter confiança em você.

6. Preserve sua Integridade

Guarde seu coração e certifique-se de que seus motivos são puros e suas ações estão de acordo com a natureza do Criador.

7. Estabeleça Valores e Princípios

Conheça quem você é e por que está aqui. Aprenda disciplina e autocontrole. Conheça a natureza e as qualidades de um líder servil e pratique-as.

8. Cultive o Espírito de Fé

Cultive uma confiança no Criador através da oração e do conhecimento da Palavra de Deus. Tenha fé de que Ele irá cumprir o propósito para sua vida de forma que você possa ser o líder que Ele tinha em mente ao criá-lo.

9. Ouse Explorar o Desconhecido

Explore os sonhos, idéias, público e recursos que você precisa para servir seu dom ao mundo.

10. Seja Você Mesmo ao "Servir a Si Mesmo"

Pratique a liderança servil oferecendo eficazmente seus dons em benefício daqueles ao seu redor. Quando você pára de servir, perde seu valor.

NOTAS FINAIS

Capítulo 6 — Quem Morreu e o Deixou no Comando? O Mandato de Domínio

1. James Weldon Johnson, ed. *The Book of American Negro Poetry* (Nova Iorque: Bartleby, 1922).

Capítulo 7 — Manipulando para Obter uma Posição: Os Filhos de Zebedeu

1. Mahatma Gandhi, *Gandhi An Autobiography: The Story of My Experiments with Truth* (Ypsilanti, MI: Beacon Press, 1993).

Capítulo 11 — Líderes São Formados, Não Nascem prontos: A Autodescoberta é o Ingrediente Principal

1. Mahatma Gandhi, *The Essential Gandhi: An Anthology of His Writings on His Life* (Nova Iorque: Vintage, 2002).